LE BUDGET RÉINVENTÉ

Les Éditions Transcontinental inc.
1100, boul. René-Lévesque Ouest, 24ᵉ étage
Montréal (Québec) H3B 4X9
Tél. : (514) 392-9000
        1 800 361-5479
www.livres.transcontinental.ca

Distribution au Canada
Québec-Livres, 2185, Autoroute des Laurentides, Laval (Québec) H7S 1Z6
Tél. : (450) 687-1210 ou, sans frais, 1 800 251-1210

Données de catalogage avant publication (Canada)
Roy, Jacques, 1939-
Le budget réinventé
(Coll. Affaires Plus)
Comprend des réf. bibliogr.

ISBN 2-89472-189-7

Budgets personnels. 2. Budgets familiaux. 3. Planification financière personnelle.
I. Martel, Réal. II. Titre.

TX326.R69 2002   640'.42   C2002-941618-3

Révision : Marie-Annick Thabaud
Correction : Hélène Morin
Mise en pages et conception graphique de la couverture : Studio Andrée Robillard
Photographie des auteurs : Véro Boncompagni

La forme masculine non marquée désigne les femmes et les hommes.

Imprimé au Canada
© Les Éditions Transcontinental, 2002
Dépôt légal — 4ᵉ trimestre 2002
Bibliothèque nationale du Québec
Bibliothèque nationale du Canada

ISBN 2-89472-189-7

Nous reconnaissons, pour nos activités d'édition, l'aide financière du gouvernement du Canada, par l'entremise du Programme d'aide au développement de l'industrie de l'édition (PADIÉ), ainsi que celle du gouvernement du Québec (SODEC), par l'entremise du Programme d'aide aux entreprises du livre et de l'édition spécialisée.

Jacques Roy
Réal Martel

LE BUDGET RÉINVENTÉ

Les Éditions
TRANSCONTINENTAL inc.

Remerciements

Nos plus sincères remerciements vont d'abord à Ghislaine Bergeron, qui a eu foi en notre projet d'un livre sur le budget par activités. Elle a apporté une aide précieuse à la préparation de cet ouvrage par sa rigueur, son apport à l'écriture et surtout par ses échanges constants avec les auteurs.

Mille mercis à Danielle Roy, à André Bergeron, à Raymond Roy et à Paul-André Roy pour leurs lectures critiques des différentes versions de cet ouvrage et pour leurs précieux commentaires.

Un grand merci également aux adjointes administratives de Synerma, Roxanne Chabot et Isabelle Proulx, pour leur collaboration à l'organisation du manuscrit.

Toute notre gratitude à Jean Paré, notre éditeur, qui a cru en nous et qui, par ses conseils, nous a aidés à rédiger ce livre de façon à ce qu'il rejoigne le plus large public possible.

Jacques Roy et Réal Martel

Table des matières

À quoi vous servira ce livre ?

Je suis à la maison, confortablement installé dans mon fauteuil, lorsque le téléphone sonne : mon voisin, monsieur Dion[1], désire me faire part d'un projet. Dès son arrivée chez moi le lendemain matin, je perçois en lui une certaine anxiété. En fait, il est préoccupé depuis quelques jours : il se demande s'il devrait ou non acheter la baignoire à remous qu'il a remarquée dans la vitrine d'un magasin de plomberie et dont le prix lui semble, selon ses critères, extrêmement intéressant.

Pendant notre entretien, je me rends compte que le projet de monsieur Dion a suscité des discussions houleuses dans la famille et que mon voisin a besoin de conseils pour mieux en évaluer le bien-fondé. Je ne connais pas en détail l'état de ses finances, mais je sais qu'il est souvent à court d'argent, et il m'a déjà laissé entendre qu'il avait de la difficulté à épargner. Au fond, il cherche un moyen de sortir de l'impasse dans laquelle il est sur le point de s'engager : l'achat, sur un coup de tête, d'une baignoire à remous.

De toute évidence, les bienfaits liés à l'utilisation de ce genre de baignoire sont devenus essentiels au bien-être de tous les membres de la famille Dion, mais cet achat est-il raisonnable?

Après le départ de monsieur Dion, je réfléchis à sa requête. D'une part, il me demande ni plus ni moins de résoudre le problème engendré par sa décision impulsive d'acheter la baignoire. Et pourquoi voudrait-il que je trouve une solution à sa place? D'autre part, je me dis que nous sommes en face d'un problème de plus en plus courant: la difficulté de connaître le coût réel d'un nouvel équipement pour la maison. Mon voisin m'a donné suffisamment de renseignements pour me convaincre que la solution tient à l'application d'une nouvelle méthode de calcul du coût d'un produit ou service: **la méthode ABC.**

La méthode ABC

La méthode ABC (pour *Activity-Based Costing*), ou **comptabilité par activités** (CPA), fut mise au point au début des années 1980 par deux professeurs de la Harvard Business School, Robert S. Kaplan et Robin Cooper, dans le but d'aider les organisations privées ou publiques à mieux établir avec précision le coût des produits et services. Dans cet ouvrage, nous allons voir comment l'appliquer aux budgets personnel et familial. Comme vous le constaterez, l'emploi de cette méthode n'exige pas une connaissance approfondie de la comptabilité traditionnelle. Il s'agit d'une méthode simple, donc facile à utiliser, et c'est là son principal avantage.

Pour résoudre le problème de mon voisin au moyen de la méthode ABC, je n'ai pas seulement besoin de connaître le prix d'achat de la baignoire. J'ai aussi besoin, au départ, des informations suivantes : le coût du financement à l'achat, les coûts engendrés par la préparation de la salle de bains et les coûts d'installation. Quelques jours plus tard, monsieur Dion me fait parvenir la liste de ces coûts, que je réorganise ainsi :

Projet : installation d'une baignoire à remous

Activité	Description	Coût
Acheter	Baignoire à remous 6 jets + financement	1 260 $
Préparer	Menuiserie (8 h x 2 ouvriers x 45 $/h)	720 $
Installer	Plomberie (3 h x 2 plombiers x 70 $/h)	420 $
Installer	Électricité (2 h x 60 $/h)	120 $
Coût total		2 520 $

Note : Le prix annoncé dans la vitrine était de 999 $. Des coûts non prévus de 1 521 $ s'ajoutent donc au projet « Installation d'une baignoire à remous ».

Les coûts non prévus sont un véritable piège, dans lequel on risque toujours de tomber quand on ajoute un équipement dans une maison. Maintenant que j'ai établi le coût réel de l'achat de la baignoire, je peux déterminer le coût de l'activité « Prendre un bain » en utilisant comme base de calcul le nombre de fois que la baignoire à remous sera utilisée au cours d'une année.

Ne disposant pas d'une telle baignoire, je décide de faire appel à l'expérience de ma belle-sœur, qui s'en est fait installer une il y a cinq ans. Souriante, d'une voix pleine d'assurance, elle me déclare que sa baignoire à remous « donne du prestige » à sa salle de bains. J'insiste, je lui demande si la famille l'utilise souvent. « Au début, mon mari et moi, nous l'utilisions au moins deux fois par semaine. Les enfants l'ont utilisée à quelques reprises les premières semaines, mais ils se sont très vite limités à utiliser la douche que nous avions dû ajouter au moment de l'installation de la baignoire.

– Et aujourd'hui, combien de fois l'utilisez-vous par semaine ou par mois ?

– En fait, les enfants ne l'utilisent presque jamais. Quant à nous, mon mari et moi, nous ne l'utilisons malheureusement que cinq ou six fois par an. »

Pareille situation n'est pas rare : qui ne s'est pas un jour lancé dans l'achat d'un bien dont il n'avait pas vraiment évalué l'utilité ? Au départ, monsieur Dion a pensé que l'acquisition de la baignoire lui coûterait 999 $, montant correspondant au prix d'achat de cet appareil sanitaire. Mais lorsque l'on calcule tous les coûts rattachés à cet achat, soit les taxes, l'aménagement de la salle de bains et les frais d'installation, on se rend compte qu'ils augmentent énormément la dépense estimée à l'origine par monsieur Dion. En outre, mon voisin devra, comme ma belle-sœur, faire installer une nouvelle douche dans la salle de bains, ce qui entraînera une dépense supplémentaire de 500 $ environ.

Autre piège tendu en travers du chemin emprunté par monsieur Dion : l'**endettement**. Je sais qu'il n'a pas l'argent comptant nécessaire pour régler les factures des travaux à effectuer et qu'il devra emprunter pour acheter la baignoire à remous. Avec une gestion budgétaire simple, mon voisin ne serait pas tombé dans le piège et aurait évalué l'impact de son projet sur ses finances personnelles.

De plus, monsieur Dion n'avait pas prévu les **répercussions sur le plan émotif** qu'aurait l'achat d'une baignoire à remous sur sa famille. Maintenant qu'il a annoncé son projet à ses proches et en a discuté avec eux, peut-il vraiment faire marche arrière? Voici les questions auxquelles il devra réfléchir avant de mettre son projet à exécution:

- Cet achat est-il absolument nécessaire?

- Puis-je remettre ce projet à plus tard sans trop frustrer les membres de ma famille?

- Puis-je abandonner ce projet qui a provoqué des réactions émotives plus vives que prévu?

C'est à la suite de telles réflexions sur le problème de monsieur Dion que je suis allé le rencontrer. J'ai commencé par lui poser des questions sur l'impact émotif de sa décision sur sa famille pour ensuite passer à l'impact d'un tel projet sur ses finances personnelles.

Après seulement une dizaine de minutes d'échanges, je savais que mon voisin était coincé entre son désir de profiter d'une baignoire à remous au plus vite et l'éventuelle nécessité de remettre ce projet à plus tard. Il fallait donc déterminer si les avantages procurés par la baignoire justifiaient les coûts entraînés par son achat. Pour mon voisin, il s'agissait là d'un choix difficile à faire. Apprendre à dépenser sans s'endetter indûment, tel était le défi que monsieur Dion, comme bon nombre d'entre nous, devait relever.

La situation financière de la famille Dion sera souvent utilisée pour illustrer les différentes applications traitées dans cet ouvrage. On sait déjà que monsieur Dion a du mal à épargner. On sait aussi qu'il ne dispose pas d'un fonds de réserve dans lequel il pourrait puiser en cas de coup dur et qu'il n'a pas encore réussi à investir un seul sou dans un REER. Depuis l'achat de sa maison, il connaît des fins de mois difficiles, et sa santé financière est chancelante. Pourtant, la vie continue pour la famille Dion !

Ce que vous pouvez attendre de ce livre

L'objectif premier de ce livre est de vous donner un moyen simple et facile de mieux planifier et organiser vos finances personnelles ou familiales. Pour ce faire, nous nous sommes inspirés d'une nouvelle méthode, la **comptabilité par activités (CPA)**, ou *Activity-Based Costing*, employée par les organisations pour établir avec précision les coûts de leurs produits et services. Cette méthode vous aidera à réorganiser vos dépenses personnelles ou celles de votre famille. Elle ne vous conduira pas seulement à dépenser à bon escient, à épargner et à payer vos dettes. Elle vous amènera à convertir vos dépenses en activités et à analyser les effets de ces activités sur votre situation financière.

Jacques Roy

Chapitre 1

Maîtriser ses dépenses

Il est presque inutile de comparer les différents types de financement hypothécaire, d'examiner tous les abris fiscaux imaginables, de tenter sa chance à la Bourse ou de peser le pour et le contre du crédit, tant qu'on n'a pas établi la gestion de ses finances sur des bases solides. Pour acquérir la maîtrise de ses dépenses et une véritable indépendance financière, il est capital de commencer par **faire un budget**.

Par ailleurs, l'indépendance financière dépend avant tout d'un souci constant de l'épargne. Certes, il est toujours tentant de remettre à plus tard un projet d'épargne lorsqu'on se trouve face à des dettes à rembourser et à des dépenses incontournables : payer le loyer, l'épicerie, les déplacements, les vacances, etc. Mais il est toujours possible d'épargner, par exemple en plaçant dans un REER un certain pourcentage de son salaire. À ce propos, saviez-vous qu'une personne âgée de 25 ans, ayant un salaire annuel de 30 000 $ et ayant décidé de verser dans un REER la cotisation maximale permise (en fonction de ses revenus) disposera, 30 ans plus tard, de son premier million ?

L'indépendance financière est liée à une foule de petites actions qui permettent de **se libérer des problèmes d'argent** et de **reprendre sa vie en main.**

1.1   La clé de la réussite

Jean-Pierre, votre collègue, gagne le même salaire que vous ; pourtant, il ne semble pas avoir de soucis financiers et a toujours de l'argent plein les poches, alors que vous n'arrivez pas à joindre les deux bouts. Et votre belle-sœur Nicole, comment fait-elle pour s'offrir chaque année un voyage au Mexique, alors que vous ne pouvez absolument pas vous le permettre, malgré un revenu somme toute supérieur à la moyenne ? Votre belle-sœur et votre collègue auraient-ils découvert les vertus d'une bonne gestion financière ? Peut-être. Mais leur bonne santé financière ne dépend pas seulement de ce facteur.

En effet, d'autres éléments peuvent entrer en jeu. Votre collègue a peut-être des déductions fiscales plus intéressantes que les vôtres. Quant à votre belle-sœur, célibataire, elle n'a pas les mêmes responsabilités familiales que vous. Par conséquent, même si leur revenu net était identique au vôtre, Jean-Pierre et Nicole auraient une longueur d'avance sur vous. Et comme, en plus, ils administrent leurs affaires en fonction d'un certain budget, ils connaissent bien leurs possibilités et leurs limites. De ce fait, ils ne croulent pas sous les dettes.

Quand on veut augmenter son niveau de vie, l'endettement n'est pas la meilleure solution. Nous ne parlons pas ici des emprunts souscrits pour l'achat d'une maison ou d'un REER, mais des dettes « dangereuses ». Les dettes dangereuses sont celles contractées pour payer des voyages, acheter tel appareil électroménager dont on n'a pas un besoin urgent ou régler tous les petits achats impulsifs à 10, 15 ou 20 $ qui grugent le budget sans qu'on s'en rende compte. En fait, il n'existe que deux bonnes façons d'augmenter son niveau de vie : l'**augmentation des revenus** et/ou une **meilleure utilisation des revenus**.

Le budget à lui seul n'est pas l'instrument le plus adapté pour augmenter les revenus, mais c'est un outil de premier ordre pour mieux les utiliser. C'est un guide qui permet de voir où l'on s'en va. La bonne santé financière repose essentiellement sur le contrôle de ce que les spécialistes appellent le **flux de liquidités :** il faut savoir d'où vient l'argent et, surtout, où il va.

Si la préparation d'un budget suscite parfois des craintes et des hésitations, c'est parce qu'elle paraît compliquée et fastidieuse. Mais en réalité, cette tâche est loin d'être aussi ardue et rebutante qu'on l'imagine. Une fois qu'on a conçu et mis en place un « budget par activités », tout se fait comme par enchantement. Quand on a déjà établi un budget, la maîtrise du budget par activités représente une valeur ajoutée, surtout dans les moments où l'on doit prendre des décisions ayant des effets sur ses finances. Le budget traditionnel, que nous étudierons au chapitre 3, ne nous donne pas toutes les informations nécessaires pour prendre de bonnes décisions.

Idéalement, on devrait dresser son premier budget dès l'arrivée sur le marché du travail et gérer sa première paie selon ce budget.

Mais il n'est jamais trop tard pour bien faire. Vous n'avez jamais fait de budget ? Alors, attelez-vous à la tâche maintenant ; libérez quelques heures pour vous y consacrer. Nous pouvons vous assurer une chose : vous ne le regretterez pas !

1.2   Les nouvelles règles du jeu

Ce qui était simple à l'époque de nos grands-parents est devenu très compliqué. Alors qu'il a longtemps été réprouvé au Québec, le crédit se révèle aujourd'hui un élément essentiel dans les habitudes de consommation des Québécois, que ce soit sous la forme d'emprunts contractés pour l'achat d'une automobile, de meubles, d'appareils ménagers, etc. ou sous la forme d'une carte de crédit.

L'argent de plastique

Bien que les cartes de crédit impliquent des taux d'intérêt élevés, le nombre d'utilisateurs augmente constamment. Selon l'Association des banquiers canadiens, 40,1 millions de cartes de crédit étaient en circulation en 2000 et 44,1 millions en 2001, soit l'équivalent de 2,9 cartes par Canadien âgé d'au moins 18 ans. À ces cartes émises par les banques (MasterCard et Visa), il faut en outre ajouter les 24,5 millions de cartes des grands magasins et des sociétés pétrolières, ainsi que les cartes American Express et Diner's Club International.

De surcroît, un sondage réalisé par Léger Marketing pour le compte de l'Agence de la consommation en matière financière a mis en lumière deux faits étonnants : non seulement 41 % des détenteurs de cartes ne connaissent pas le taux d'intérêt appliqué lorsqu'ils ne règlent pas la totalité de leur solde mensuel, mais deux détenteurs sur cinq (41 %) ne versent que le montant minimum exigé à titre de remboursement partiel.

Nous n'avons plus la patience d'épargner avant d'acheter les biens que nous désirons. Nous voulons tout *tout de suite*. Nous hypothéquons nos revenus futurs parce que nous oublions trop souvent que les ressources financières ne sont pas illimitées et que les achats à crédit peuvent nuire à une certaine qualité de vie pendant des années. Bref, les adeptes du crédit ne cessant de se multiplier, le nombre de cartes de crédit a crû de 10 % au cours de la dernière année, ce qui a entraîné une augmentation des comptes avec solde impayé.

Sur le plan des finances personnelles, les règles du jeu ont donc changé. Pour nous y retrouver et effectuer les bons choix, nous avons tous besoin d'outils, car nous nous laissons trop souvent prendre dans la spirale du crédit facile faute d'avoir cherché à découvrir les vertus de l'épargne. Nous avons adopté le credo nord-américain de la consommation sans nous être dotés, dès notre première paie, d'un instrument adéquat pour gérer nos finances personnelles.

Nous avons peut-être « gagné » la révolution industrielle, mais l'héritage qu'elle nous a légué semble de plus en plus lourd à porter, en particulier au niveau individuel. Force est de reconnaître que les nouvelles règles du jeu ne sont pas encore celles qui nous ouvriront les portes de la société des loisirs[1]. En voici quelques preuves :

- Les faillites personnelles se révèlent en constante augmentation depuis les années 1980. Au Canada, on compte en moyenne 50 000 faillites personnelles par an depuis 1995.

- Un fort accroissement du nombre de personnes dépensant plus qu'elles ne gagnent a été enregistré parmi celles dont le revenu annuel se situe aux alentours de 40 000 dollars.

- Le nombre d'enfants canadiens vivant sous le seuil de la pauvreté est passé de 14,9 % en 1970 à plus de 20 % en 2000.

- La société des loisirs, censée marquer les années 2000, ne semble pas près de se concrétiser : le temps de travail du salarié moyen a augmenté de 20 % depuis 1973 et son temps libre a diminué de 32 %.

Le budget réinventé est un ouvrage pratique. En franchissant les neuf étapes décrites ci-dessous, vous apprendrez à planifier un budget par activités, à maîtriser vos dépenses et à profiter des moyens à votre disposition pour mettre en œuvre un projet d'épargne.

Les 9 étapes qui mènent à la réalisation d'un budget par activités

1. *Le bilan.* Le bilan est en quelque sorte la photo de notre situation financière, que nous devons examiner au moment où nous commençons à élaborer notre système de gestion. Il constitue notre premier contact avec nos finances.

2. *La préparation d'un budget traditionnel.* Le budget traditionnel est la liste de nos revenus et de nos dépenses. Il nous permet de nous situer dans le temps et d'examiner nos habitudes de consommation.

3. *La réduction des dépenses nécessaire à l'atteinte de l'équilibre.* Le bon équilibre de nos finances nécessite généralement une réduction de nos dépenses. Cependant, la diminution, voire la suppression, de certaines dépenses dans un budget traditionnel n'est pas une tâche facile, surtout lorsque vient le moment de prendre des décisions de nature financière ou émotive ayant un certain impact sur le train de vie. Nous

aborderons cette étape en utilisant le budget traditionnel de monsieur Dion.

4. *Le budget par activités.* Clé de voûte de ce livre, la méthode ABC, ou comptabilité par activités (CPA), permet de réorganiser les postes de dépenses d'un budget selon les activités. Elle est fondée sur deux constatations : primo, notre vie est ponctuée d'activités et, secundo, ces activités exigent des ressources humaines et financières.

5. *La qualification des activités.* S'il est assez facile de comprendre à quoi correspond la satisfaction lorsqu'il s'agit de nourriture ou d'envies passagères, c'est bien différent lorsqu'il est question de choses plus essentielles de la vie quotidienne. C'est la raison pour laquelle nous devons, à cette étape, définir notre degré de satisfaction pour chacune de nos activités.

6. *La prise de décision.* Dans la vie, toutes les actions débutent par une prise de décision. Constamment, des choix s'offrent à nous et nous forcent à déterminer ce que nous allons faire. Vous lisez ce livre parce que vous avez pris une décision, celle de mieux gérer vos finances personnelles ou d'en savoir plus sur le « budget par activités ». Toutes vos activités quotidiennes découlent du même processus : vous prenez une décision avant d'agir.

7. *La gestion du crédit.* Aujourd'hui, le crédit est un élément essentiel dans nos habitudes de consommation, mais quand il est mal utilisé, il peut conduire à l'étranglement financier. Il est donc indispensable de bien le gérer. Première règle à suivre : emprunter uniquement lorsque c'est **nécessaire** ou **avantageux**.

8. *L'épargne raisonnable.* Il est difficile d'épargner sans raison véritable. Pour arriver à épargner, il faut que tôt ou tard les économies réalisées servent à acheter un produit ou à combler un désir. À cette étape, nous devons déterminer les mesures à prendre pour réussir un projet d'épargne.

9. *L'utilisation du budget par activités.* Arrivés à cette dernière étape, nous pouvons passer à l'action. Vous serez prêt à mettre en pratique les recommandations exposées dans ce livre. À la lumière de ce que vous aurez découvert sur vos activités et sur la satisfaction qu'elles vous apportent, vous finaliserez votre budget par activités en y apportant les corrections nécessaires pour atteindre vos objectifs financiers.

Le budget par activités devrait intéresser toute personne qui s'interroge sur les moyens de boucler son budget tout en conservant un niveau de vie satisfaisant pour elle-même et sa famille. Dans les chapitres suivants, nous verrons comment :

- redéfinir nos priorités de consommateur à l'aide du budget par activités dans le but d'atteindre l'indépendance financière ;

- résoudre le conflit entre nos moyens et le niveau de vie que nous souhaitons avoir en analysant nos désirs et nos véritables besoins ;

- mettre de l'ordre dans nos dépenses ;

- maîtriser notre endettement ;

- oublier nos déboires et mettre au point une stratégie d'épargne.

Chapitre 2

Combien valez-vous ?

Maintenant que vous êtes prêt à vous lancer dans la réorganisation de vos finances personnelles et à revoir vos habitudes de consommation, il vous faut absolument savoir où vous en êtes sur le plan financier, autrement dit, **découvrir combien vous valez**. Tout comme le font chaque année les grandes entreprises, vous allez commencer par dresser un bilan, c'est-à-dire la « photo » de votre situation financière. Quand on veut se faire une idée d'une personne éloignée, l'un des meilleurs moyens d'y parvenir consiste à examiner sa photo. Cette image ne nous offre pas la possibilité de découvrir sa personnalité, mais elle nous permet de déceler divers traits de son caractère.

Il en est de même d'un bilan financier : il nous fournit des renseignements fort utiles. C'est pourquoi, dans la gestion des affaires personnelles comme dans la gestion d'une entreprise, le bilan est un élément capital. Nous allons donc commencer ce chapitre par une étude systématique des diverses parties du bilan, utilisé en tant qu'instrument pour connaître notre situation financière.

On confond facilement **budget** et **bilan** ; pour cette raison, il est important de bien faire la distinction entre ces deux termes.

Un **budget**, qu'il soit traditionnel (tel que décrit au chapitre 3) ou par activités (tel que décrit au chapitre 5 et établi grâce à la méthode ABC), est le résultat d'un exercice qui consiste à prévoir et à organiser les coûts pour une période donnée (normalement, un an) en fonction des revenus et des dépenses.

Voici, à titre d'exemple, le budget annuel de la famille Dion.

Budget annuel (méthode traditionnelle)

REVENUS NETS (après impôt)		42 000 $
Moins :	postes budgétaires	
1	Hypothèque	7 200 $
2	Taxes	2 500 $
3	École	1 700 $
4	Nourriture	7 680 $
5	Électricité	1 400 $
6	Automobile (mensualités, essence, entretien)	7 100 $
7	Téléphone	500 $
8	Divertissements	2 500 $
9	Habillement	3 600 $
10	Entretien	1 400 $
11	Vacances (emprunt bancaire)	2 500 $
12	Assurances automobiles	700 $
13	Assurance habitation	400 $
14	Allocation-repas	2 400 $
15	Autobus/métro	960 $
16	Argent de poche	1 560 $
17	Frais divers	400 $
	Dépenses totales	44 500 $
	Surplus ou déficit (−)	− 2 500 $

Un **bilan** est un tableau qui décrit avec précision une situation financière à un moment donné. Une fois terminé, il indique ce qu'une entreprise ou une personne « vaut ». Ce type de document prend toute sa valeur lorsqu'il est comparé avec le bilan de l'année précédente. Il présente d'un côté l'actif, c'est-à-dire tout ce que l'on possède, et de l'autre le passif, c'est-à-dire toutes les dettes. En soustrayant le passif (le total des dettes) de l'actif (le total des biens), on obtient le montant de l'**avoir net**, soit ce que l'on « vaut ».

Le bilan correspond à l'opération suivante :
Avoir net = actif – passif

Autrement dit :
Avoir net = biens – dettes

Cette opération est toujours valable, car quel que soit le montant des biens (actif), une ou plusieurs personnes (vos créanciers) ont en général des droits sur ces biens. Par exemple, si vous avez une hypothèque sur votre maison, l'institution financière qui vous a accordé cette hypothèque a des droits sur votre actif immobilier, votre maison.

Comme une photographie, le bilan est une image fixe. Il permet néanmoins d'effectuer une étude fructueuse d'une situation financière donnée. Le « bilan-photo » comprend les éléments suivants : l'actif, le passif et l'avoir net.

Bilan	
Actif	Passif
	Avoir net

2.1   L'actif

L'actif comprend tous vos biens, toutes vos valeurs et toutes vos épargnes. Autrement dit, votre actif est le total des valeurs attribuées à vos biens. Faites attention à ce qu'il soit objectif, car on a souvent tendance à surévaluer la valeur de nos biens. Par exemple, si vous êtes propriétaire d'une maison, prenez la valeur inscrite sur votre compte de taxes municipales, même s'il est probable que vous en obtiendriez une somme plus élevée en la vendant. Dans l'établissement d'un bilan, le secret de la réussite, c'est de rester réaliste.

2.2   Le passif

Le passif, que vous calculerez après avoir quantifié votre actif, comprend les deux éléments suivants :

1. Vos dettes à court terme

- Vos emprunts bancaires à court terme.

- Le solde à payer sur vos cartes de crédit.

- Vos factures non réglées. N'incluez que les factures que vous avez déjà reçues, mais que vous n'avez pas encore acquittées (la facture de téléphone qui traîne sur le comptoir de la cuisine, par exemple). Cela ne sert à rien de faire figurer à votre passif des comptes que vous n'avez pas encore reçus.

2. Vos dettes à long terme

- Les petites dettes que vous avez peut-être envers vos parents et amis, et que vous n'avez pas à rembourser avant deux ou trois ans.

- Le solde dû sur les emprunts que vous avez contractés à la banque, à la caisse populaire ou à toute autre institution et que vous remboursez par versements mensuels étalés sur trois à cinq ans.

- Le solde de votre hypothèque. Attention ! il ne s'agit pas ici d'écrire le montant du prêt, mais le *solde*, c'est-à-dire le montant qu'il vous reste à payer au moment où vous faites votre bilan.

Additionnez toutes ces dettes pour obtenir votre passif.

2.3   L'avoir net

La troisième et dernière opération du bilan consiste à soustraire le passif de l'actif. Le résultat vous donnera votre **avoir net**. C'est le chiffre le plus important, car il vous permet d'évaluer avec justesse votre situation financière ; il indique ce que vous « valez » financièrement.

Normalement, votre avoir net devrait augmenter de façon constante, année après année. Dans l'hypothèse, bien sûr, où aucun coup dur imprévu (mise à pied, grève prolongée, mauvais placement) n'a perturbé vos finances.

Contrairement au *budget*, qui donne une certaine marge de manœuvre pour améliorer la situation financière, le *bilan* n'est qu'une succession de chiffres qui ne se discutent pas. Dans un budget, on peut toujours couper quelque part, réorganiser certaines dépenses, comme vous le verrez dans les chapitres suivants, et en retarder d'autres. Mais dans un bilan, on ne peut rien modifier : les épargnes sont de tant, la maison vaut tant, les dettes s'élèvent à tant, un point c'est tout.

Bilan	
Actif	**Passif**
Actif à court terme (disponibilité)	Dettes à court terme (exigibilité)
Placements	
Biens personnels	Dettes à long terme
Immeubles	
	L'actif – le passif = l'avoir net

Le bilan de monsieur Dion est en quelque sorte une photo de sa situation financière à un moment précis. La famille Dion est propriétaire d'une maison unifamiliale, avec piscine creusée, située dans une banlieue. Elle se compose de quatre personnes, les parents et deux adolescents, respectivement âgés de 16 et 18 ans. Elle n'a qu'une source de revenus principale : le salaire du chef de famille, technicien spécialisé. Ce salaire est de 59 000 $ par an.

Bilan

31 décembre 200___

Actif		*Passif*	
Actif à court terme (disponibilité)		*Dettes à court terme (exigibilité)*	
Argent en main	80 $	Emprunt bancaire	2 500 $
Compte de chèques	225 $	Taxes scolaires	250 $
Compte d'épargne	95 $	Taxes municipales	1 100 $
Total actif à court terme	400 $	Total passif à court terme	3 850 $
Actif à long terme (actif fixe)		*Passif à long terme*	
Terrain, maison, etc.	125 000 $	Hypothèque	70 800 $
Automobiles	22 000 $	Automobile	15 200 $
Total actif à long terme	147 000 $	Total passif à long terme	86 000 $
Total de l'actif	147 400 $	Total du passif	89 850 $
		Avoir net	57 550 $
		Total	147 400 $

Note : Dans l'actif de monsieur Dion (147 400 $), 89 850 $ appartiennent aux créanciers et 57 550 $ à monsieur Dion.

2.4   Dresser son bilan financier

En prenant pour modèle le bilan de monsieur Dion, vous pouvez maintenant établir votre propre bilan.

Mon bilan

Date _____

Actif

Disponibilités

Encaisse　　　　　_____

Compte d'épargne　_____

Autres　　　　　_____

_____

Placements

Dépôts à terme　_____

REER　　　　　_____

Actions, FCP, autres　_____

Valeur de rachat,
police d'assurance-vie　_____

Autres　　　　_____

_____

Biens personnels

Automobile　　　_____

Autres véhicules　_____

Meubles　　　　_____

Appareils électroménagers　_____

Outils　　　　　_____

Équipement de sport　_____

Antiquités, œuvres d'art　_____

Bijoux　　　　_____

Autres　　　　_____

_____

Immeubles

Maison　　　　_____

Chalet　　　　_____

Terrains　　　_____

Autres　　　　_____

Total de l'actif　_____

Passif

Solde de l'hypothèque　_____

Solde des cartes de crédit　_____

Autres dettes envers
des institutions et magasins　_____

Dettes envers des amis
ou des parents　_____

Autres　　　　_____

Total du passif　_____

Avoir net

Actif　　　　_____

(-)

Passif　　　　_____

(=)

Avoir net　　　_____

Une fois votre bilan terminé, conservez-le précieusement, car il vous facilitera la tâche lorsque vous ferez votre prochain bilan. Idéalement, vous devriez dresser un bilan au moins une fois par an. L'évolution de votre *avoir net* vous indiquera de façon précise dans quelle mesure votre situation financière s'est améliorée (ou détériorée) en un an.

Outre votre bilan annuel, vous aurez intérêt à établir un nouveau bilan avant et après chaque transaction importante. L'achat d'une maison, par exemple, modifiera considérablement votre situation financière, et par conséquent votre bilan. Du jour au lendemain, vos disponibilités en argent diminueront (à cause du premier versement comptant ainsi que des frais reliés à l'acquisition de ce bien, à votre déménagement et à votre installation dans votre nouveau logis), et votre avoir net sera réduit d'autant. Toutefois, vos immobilisations feront un bond spectaculaire (égal à la valeur de la maison). Quant à votre passif, il fera lui aussi un bond extraordinaire (égal au solde de votre hypothèque).

Par contre, à partir du moment où vous serez propriétaire, l'évolution de votre bilan dépendra de nouveaux facteurs, comme le règlement de votre hypothèque ou l'augmentation de la valeur de votre maison. Pour y voir clair, il sera donc capital que vous mettiez les chiffres au bon endroit, d'où l'utilité de refaire votre bilan avant et après ce genre de transaction, même s'il ne s'agit en fait que de changer les chiffres de colonne.

2.5   Comment tirer des renseignements utiles du bilan

Comme nous l'avons déjà expliqué, le bilan est la photo de votre situation financière à une date précise. Normalement, au début de l'année précédant l'établissement du bilan, tout comme monsieur Dion (voir tableau page suivante), vous avez planifié vos dépenses et les avez inscrites dans votre budget. Si vous n'avez pas fait de budget, le bilan vous donnera quand même une bonne idée de l'état actuel de vos finances.

Pris isolément, les chiffres du bilan n'ont pas grande signification. Ils ne sont révélateurs que si on les compare en fonction de leurs rapports arithmétiques. Cependant, la question cruciale, celle qui mérite toute notre attention, est celle-ci : « Suis-je en mesure de payer mes dettes à court terme ? »

Pour le savoir, il faut additionner les remboursements à faire au cours du mois, puis soustraire ce résultat de l'argent disponible dans le mois.

Après avoir acquitté les factures, vous devez calculer la somme dont vous aurez besoin pour effectuer les paiements qui viendront à échéance au cours de la prochaine année et pour lesquels vous n'avez pu constituer de provisions. Cette somme sera votre fonds de roulement. Si vous ne constituez pas ce fonds au départ, vous risquez d'être à court d'argent pendant les premiers mois (de trois à six mois) et d'avoir à reporter l'échéance de plusieurs paiements. Analysons la situation de monsieur Dion.

Monsieur Dion est-il en mesure de payer ses dettes à court terme ?

Voici les informations obtenues à partir du bilan et du budget annuel de monsieur Dion :

Remboursement mensuel de l'hypothèque	600,00 $
Remboursement mensuel de l'emprunt bancaire*	208,33 $
Versement mensuel pour paiement des taxes	208,34 $
Remboursement mensuel du prêt automobile	366,66 $
Total des versements mensuels	1 383,33 $
Revenu nets mensuels	3 500,00 $

Taux d'endettement de monsieur Dion :

$$\frac{\text{versements mensuels}}{\text{revenus nets mensuels}} = \frac{1\,383,33\,\$ \times 100}{3\,500,00\,\$} = 39,5\,\%$$

* Afin d'équilibrer le budget de l'année 2001, la famille Dion avait décidé de ne pas partir en vacances. Cependant, à l'arrivée de la période estivale, le besoin s'en faisait trop sentir et la décision a été révisée. Monsieur Dion a donc emprunté 2 500 $, somme remboursable au cours de l'année 2002, pour faire un voyage avec sa famille.

Le **fonds de roulement** est un terme comptable utilisé pour désigner l'argent nécessaire pour couvrir les dépenses prévues sur une courte période. C'est ce fonds qui permet de régler toutes les dépenses planifiées sans être contraint d'en retarder le paiement, d'emprunter ou de puiser dans les épargnes. Le fonds de roulement correspond aux actifs à court terme (argent disponible) du bilan ou est égal au revenu mensuel net. Autrement dit, si les versements mensuels sont de 1 000 $, les actifs à court terme du bilan devraient être d'au moins 1 000 $.

Suis-je en mesure de payer mes dettes à court terme ?

Remboursement mensuel de l'hypothèque   _____

Remboursement mensuel de l'emprunt bancaire   _____

Versement mensuel pour paiement des taxes   _____

Remboursement mensuel du prêt automobile   _____

Solde de la carte de crédit ou minimum requis   _____

Autres (versements pour des achats ou emprunts) _____

_____   _____

_____   _____

Total des versements mensuels   _____

Revenus nets mensuels   _____

Mon taux d'endettement :

$$\frac{\text{versements mensuels}}{\text{revenus nets mensuels}} = \underline{\qquad} \text{ X } 100 = \underline{\qquad}$$

Note : Votre taux d'endettement ne devrait pas dépasser 30 % des revenus nets mensuels.

EN RÉSUMÉ

Qu'avez-vous obtenu en fin de compte ? Votre avoir net, ou « valeur nette », calculé en dressant votre bilan personnel où vous avez fait figurer votre actif et votre passif, c'est-à-dire tout ce que vous possédez et tout ce que vous devez à des créanciers.

Pourquoi ?

• Le bilan vous fournit un tableau précis de votre situation financière à un moment donné.

• L'analyse des chiffres du passif vous permet de découvrir votre niveau d'endettement.

À quelles conditions ?

• Prenez garde de ne pas surévaluer vos biens, et en particulier votre maison ; évaluer ses biens de façon réaliste est ici la règle d'or.

• Veillez à n'oublier aucun bien personnel durant l'évaluation de votre actif.

• Idéalement, vous devriez dresser un bilan une fois par an, ainsi qu'avant et après une transaction importante.

Chapitre 3

Préparer un budget traditionnel en 3 étapes simples

L a préparation d'un budget n'exige aucun matériel sophistiqué ; elle requiert seulement un bloc-notes et un stylo. Il est aussi utile d'avoir une calculatrice à portée de la main, ainsi que diverses factures de téléphone, d'assurances et d'électricité, les papiers relatifs aux versements hypothécaires, et les talons des chèques de paie. Mais le plus important, c'est d'avoir un **réel désir de changer ses façons de faire.**

Le principe du budget traditionnel est tout ce qu'il y a de plus simple : il s'agit de prévoir avec le plus de précision possible les revenus et les dépenses. Si les revenus se révèlent plus élevés que les dépenses, on peut utiliser le surplus pour augmenter ses épargnes ou réaliser un rêve depuis longtemps caressé. Par contre, si les dépenses sont plus élevées que les revenus, il faut redoubler de prudence et d'attention. Cela signifie peut-être que l'on vit au-dessus de ses moyens et que si on continue de dépenser plus que ce que l'on gagne, on se retrouvera un jour ou l'autre dans l'obligation d'emprunter pour combler la différence, puis de rembourser les créanciers en leur versant des intérêts.

La préparation d'un budget, que vous allez maintenant entreprendre, vous conduira à être plus vigilant à l'égard de vos finances personnelles. Elle vous mènera aussi à examiner vos habitudes de consommation et vous permettra de vous situer dans le temps.

Pour tirer le meilleur parti de cet exercice, nous vous recommandons de noter les réponses aux questions posées dans ce chapitre et d'effectuer les calculs à chacune des étapes décrites. La préparation d'un budget a pour objectif de vous faire prendre conscience de votre comportement face à l'argent. Comme cette prise de conscience s'étalera sur plusieurs années, elle sera facilitée par une lecture régulière des notes que vous aurez prises au fil de vos lectures.

Concrètement, la préparation d'un budget traditionnel s'effectue en trois étapes :

1. le calcul des revenus pour l'année ;

2. le calcul des dépenses pour l'année ;

3. l'établissement du premier budget selon la méthode traditionnelle.

3.1 Le calcul des revenus

La première étape consiste à calculer les revenus pour l'année. Ce calcul ne vous posera sans doute aucun problème. Cependant, vous êtes-vous déjà demandé combien vous aviez gagné depuis votre entrée sur le marché du travail ? Vous en aurez une très bonne idée en reprenant toutes vos déclarations de revenus passées. Le cas échéant, n'oubliez pas d'ajouter aux revenus déclarés les éventuelles petites « omissions » : pourboires non déclarés, travaux au noir, revenus de jeu, cadeaux en argent de vos parents, loyers perçus « sous la table » et tout autre revenu non déclaré. L'objectif de cet exercice est d'évaluer, avec le plus de précision possible, la fluctuation des revenus d'un emploi à l'autre et d'une année à l'autre, ainsi que le montant global d'argent perçu au cours de l'existence.

Cette étape vous permettra **d'éclaircir votre ancienne relation à l'argent**. La plupart des gens n'ont pas la moindre idée de la quantité d'argent qu'ils ont gagnée dans le passé ni, par conséquent, la moindre idée de la quantité d'argent qu'ils pourraient toucher dans le futur. Cependant, si vous savez que vos revenus annuels sont passés de 20 000 $ à 40 000 $ au cours des 10 dernières années, vous avez une idée assez précise de votre capacité à gagner de l'argent.

L'histoire d'une femme de 32 ans que nous avons assistée dans la réorganisation de sa situation financière démontre parfaitement l'intérêt de cet exercice. Bien que n'ayant pas de diplôme d'études secondaires, cette femme avait réussi à atteindre un niveau de revenu qui faisait l'envie de plusieurs. En moins de 10 ans, elle était passée d'un revenu annuel de 10 000 $ à un revenu de plus de 30 000 $. Elle avait commencé par occuper des emplois saisonniers et était finalement devenue propriétaire d'une entreprise. Le fait de connaître le montant total de ses revenus au cours de la première étape de sa vie lui a permis de faire le point sur sa capacité de gagner de l'argent.

Lorsque nous lui avons demandé d'effectuer les calculs voulus, elle était persuadée que cette étape ne s'appliquait pas à son cas, car elle croyait que ses ennuis financiers provenaient uniquement de son incapacité à gérer son argent. Le simple fait de se livrer à cet exercice lui a permis de découvrir qu'elle n'avait plus la motivation nécessaire pour faire progresser son entreprise, en difficulté financière depuis deux ans. Devant ce constat, elle a décidé de liquider sa société, de suivre un programme de formation dans un autre secteur d'activités qui l'intéressait et de chercher un emploi qui lui procurerait un revenu supérieur à son plus haut revenu des années précédentes.

Le calcul de vos revenus antérieurs vous aidera peut-être, vous aussi, à prendre la décision de trouver un nouveau travail plus rémunérateur et plus satisfaisant. Mieux vaut donc que vous ne négligiez pas cet exercice : effectuez-le avec application et sincérité.

Attardons-nous maintenant à vos revenus de l'année à venir. Si vous êtes salarié, les retenues à la source prélevées sur votre paie peuvent varier, puisqu'elles dépendent de votre situation personnelle (célibataire, marié, avec ou sans personne à charge), des différents programmes de protection collective en vigueur chez votre employeur, du montant de la cotisation syndicale et d'une foule d'autres facteurs. Notre jeune chef d'entreprise, par exemple, se versait un salaire de 30 000 $ par an, mais elle ne touchait en réalité que 23 000 $, d'où un manque à gagner de 7 000 $. Avant de se pencher sur ses finances, elle n'avait jamais réalisé cela.

Première règle à suivre : planifier vos finances personnelles ou familiales en fonction de votre revenu **net**.

Commencez par calculer votre revenu net annuel : prenez le revenu net qui figure sur votre chèque de paie et multipliez-le par 52 si vous êtes payé chaque semaine, ou par 26 si vous êtes payé toutes les deux semaines. S'il y a lieu, refaites la même opération pour le revenu net de votre conjoint.

En général, les salaires constituent la majeure partie des revenus familiaux. Si vous êtes retraité ou bénéficiaire de l'assistance sociale (ceci ne devrait certainement pas vous empêcher de dresser un budget, bien au contraire !), calculez vos pensions ou allocations comme s'il s'agissait de salaires. Ajoutez ensuite vos autres revenus (toutes les rentrées d'argent relativement sûres sans aucune exception) : allocations familiales, intérêts, revenus de placement, etc. L'opération est un peu plus compliquée que le simple calcul annuel à partir d'un chèque de paie, mais nous pensons qu'il est important de débuter sur de bonnes bases et d'effectuer cette première étape correctement. Assurez-vous de ne pas surévaluer vos revenus. Une planification n'est valable que dans le cas où l'écart entre les prévisions et la réalité n'est pas trop grand. Par exemple, si vos revenus nets de l'année dernière étaient de 23 000 $ pour un salaire de 30 000 $ et que vous prévoyez bénéficier d'une augmentation de salaire de 10 % (3 000 $) pour l'année prochaine, votre revenu net ne sera pas de 26 000 $ mais de 24 500 $; en clair, votre salaire sera majoré de 3 000 $, mais vos revenus nets, eux, n'augmenteront que de 1 500 $.

Afin de vous faciliter le travail, nous vous donnerons en exemple, pour chacune des rubriques (postes) à considérer, le résultat de la préparation de budget effectuée par la famille Dion.

Les revenus

Résumons la situation de monsieur Dion (voir chapitre 2). Marié et père de deux enfants âgés de 16 et 18 ans, monsieur Dion est propriétaire d'une maison unifamiliale. La famille n'a qu'une source principale de revenus. En qualité de technicien spécialisé, monsieur Dion perçoit un salaire brut de 2 269 $ toutes les deux semaines, ce qui représente un salaire de 59 000 $ par an. Ce qui nous intéresse ici est son salaire net, soit approximativement 40 000 $ par an. Nous devons ajouter à cela quelques revenus autres qui devraient s'élever en tout et pour tout à 2 000 $ durant l'année. Le revenu net de la famille se chiffre donc à 42 000 $.

3.2   Le calcul des dépenses

Une fois les revenus établis, il s'agit de calculer les dépenses. Dans la majorité des cas, seul le passé peut servir de guide. À cette étape, comme à la précédente, il faut veiller à être rigoureux dans les prévisions. À ce propos, il est à signaler que le budget par activités, présenté au chapitre 5, permet d'évaluer les dépenses avec une assez grande précision.

Attention ! Préparez-vous à découvrir combien vous coûte votre «train de vie» et tout ce que vous «devez» payer pour le maintenir: la bonne voiture, les vêtements à la dernière mode, les vacances dans le Sud, la belle maison dans un quartier agréable dans la ville idéale, etc.

Afin de vous faciliter la tâche, nous vous proposons de suivre une grille type. Elle comporte 17 rubriques (postes) de dépenses, qui correspondent aux besoins financiers de la plupart des personnes seules et des familles. Pour simplifier la présentation, nous n'avons pas inscrit certains postes de dépenses, comme les cadeaux, les frais médicaux non couverts par les assurances et les abonnements à des publications périodiques.

3.2.1   Le logement

À court terme, le logement est une dépense annuelle incontournable et incompressible (à moins que vous ne décidiez de déménager au cours de l'année). Tout propriétaire ou locataire doit payer son hypothèque ou son loyer mensuellement. Vous devez donc multiplier par 12 votre versement mensuel afin d'obtenir la dépense annuelle pour ce poste. Si vous prévoyez acheter un meuble ou un appareil électroménager au cours de la prochaine année, il vous faut également en tenir compte. Enfin, si vous envisagez d'effectuer des travaux (finition du sous-sol, rénovation d'une pièce) durant la prochaine année, vous devrez également calculer la dépense qu'ils entraîneront et l'inclure. C'est l'un des postes de dépenses que vous pourrez comptabiliser avec précision, surtout si vous ne comptez pas faire dans l'année d'autres dépenses que le règlement mensuel de votre hypothèque ou de votre loyer.

3.2.2   Les taxes

La plupart du temps, les taxes sont incluses dans le paiement de l'hypothèque ou du loyer. Cependant, certains propriétaires paient eux-mêmes leurs taxes municipales et scolaires chaque année.

 Famille DION

Dépenses : l'hypothèque et les taxes

Le versement hypothécaire, capital et intérêts, de la famille Dion s'élève à 600 $ par mois, soit 7 200 $ par an. Les taxes s'élèvent à 2 500 $. Le couple ne prévoyant pas effectuer de travaux autres que ceux nécessités par l'entretien courant de la maison ni acheter des meubles ou des appareils électroménagers au cours de la prochaine année, il ne crée pas de poste budgétaire à cet effet.

3.2.3   L'école

Pour les familles ayant un ou plusieurs enfants, les dépenses pour l'école constituent un poste important. Si vous avez des enfants, vous devrez ici tenir compte notamment des coûts d'inscription à l'établissement scolaire et à différentes activités, ainsi que de l'achat de cahiers, de cartables, de livres, etc. Sinon, vous pourrez supprimer ce poste.

Dépenses : l'école

Dans le cas de la famille Dion, les dépenses relatives aux études des deux adolescents comptent parmi les principaux postes. Le couple Dion prévoit dépenser 1 700 $ en frais d'inscription, en matériel scolaire et en livres au cours de la prochaine année.

3.2.4   La nourriture

En vous appuyant sur votre expérience, déterminez le montant à consacrer à l'épicerie hebdomadaire. Bien que nous parlions ici du poste relatif aux dépenses en nourriture, vous trouverez probablement plus pratique d'inclure tout ce que vous achetez normalement au magasin d'alimentation générale : savons, cosmétiques, balais, sirop contre la toux, etc. Toutefois, l'étude de vos dépenses mensuelles d'épicerie vous conduira sans doute à distinguer plusieurs catégories d'achats courants : nourriture et produits d'entretien, entre autres.

Vous pourriez aussi vous intéresser à ce que vous coûtent les collations. En fin de compte, à combien vous reviennent, par mois, toutes les pauses-café ? Et les friandises que vous grignotez en regardant la télévision ? Quant aux repas pris au restaurant, il est de loin préférable que vous ne les incluiez pas dans le poste « Nourriture », car cela compliquerait inutilement les choses ; nous en reparlerons plus loin. En résumé, la façon la plus simple et la plus pratique de procéder pour évaluer le poste « Nourriture », c'est de calculer la somme dépensée régulièrement pour l'épicerie et les produits de consommation courante achetés en même temps.

Dépenses : la nourriture

Monsieur Dion fait ses courses d'épicerie chaque semaine. Il sait que la note s'élève en moyenne à 140 $. Il n'est pas nécessaire qu'il fasse de savantes prévisions sur les variations de prix qui toucheront les produits alimentaires au cours de la prochaine année. Mais, prudente, la famille Dion inscrira sur son budget 150 $ par semaine. De cette manière, si les prix montent, elle pourra faire face à la situation. De surcroît, en surveillant les prix à l'aide des dépliants distribués par les magasins d'alimentation, elle pourra se permettre d'acheter quelques petites gâteries supplémentaires. Annuellement, la famille Dion dépense donc environ 7 680 $ en nourriture.

3.2.5   L'électricité

Contrairement à ce que l'on pourrait croire, le poste « Électricité » est compressible. Tout dépend des habitudes de consommation de chacun. Par exemple, si vous utilisez en même temps la sécheuse et le four, vous aurez un coût de consommation plus élevé que votre moyenne journalière. Pourquoi ? Parce que la compagnie d'électricité tient compte de la période la plus haute de consommation, comme moyenne supérieure, au moment de la facturation.

Durant la saison froide, il est également possible de réduire sa consommation d'électricité en baissant, la nuit, la température dans chacune des pièces. Et quand l'été est particulièrement chaud, il ne faut pas s'étonner si la facture d'électricité est plus élevée qu'en plein hiver : un appareil de climatisation consomme souvent plus qu'un appareil de chauffage.

Dépenses : l'électricité

La famille Dion, comme tant d'autres, consomme surtout de l'électricité pour la cuisson et le chauffage. À partir des facturations antérieures, monsieur Dion a calculé que la consommation annuelle en électricité pour la prochaine année serait sensiblement la même que pour l'année 2001 : 1 400 $, soit 117 $ par mois.

3.2.6   L'automobile

Vous pourrez connaître avec une assez bonne précision le montant de vos dépenses pour l'automobile en déterminant les différentes dépenses qu'exigent votre véhicule. Certaines dépenses peuvent être considérées comme fixes et sont facilement prévisibles : les versements mensuels, les coûts d'immatriculation, les dépenses spéciales que vous prévoyez effectuer au cours de l'année (pneus d'hiver, par exemple), ainsi que les frais d'entretien courant, comme les vidanges d'huile et les révisions périodiques. Toutes les autres dépenses, telles que le coût de l'essence et les frais de réparation, sont assez difficiles à prévoir. L'idéal, c'est de constituer une provision spéciale de quelques centaines de dollars par an pour les imprévus, en gardant à l'esprit que vous pourrez aussi puiser au besoin dans le poste « Frais divers ».

Dépenses : les automobiles

La famille Dion possède deux automobiles. L'une est utilisée par monsieur Dion pour se rendre à son travail et pour la plupart des déplacements en famille, l'autre sert de voiture de dépannage et pour les petits trajets. Cette seconde voiture est entièrement payée, alors que celle utilisée par monsieur Dion nécessite le remboursement d'un prêt à raison de 366 $ par mois, soit 4 400 $ par an. Au poste « Automobile », la famille Dion prévoit dépenser 7 100 $ durant la prochaine année.

3.2.7   Le téléphone

Pour calculer le montant à consacrer au poste « Téléphone », il vous faut là encore partir des factures de l'année dernière. Le compte de téléphone inclut parfois l'abonnement à Internet, le temps d'utilisation du cellulaire et la durée des communications interurbaines. Si vous utilisez fréquemment l'interurbain, sachez qu'il existe des forfaits permettant de réduire considérablement les frais d'appel et de les calculer assez facilement.

Dépenses : le téléphone

La famille Dion reçoit des factures de téléphone mensuelles s'élevant en moyenne à 35 $. Elle paie donc 420 $ de frais de téléphone par an. Prévoyant dépenser 80 $ en communications interurbaines au cours de la prochaine année, monsieur Dion estime à 500 $ le montant annuel à inscrire au poste « Téléphone ».

3.2.8   Les divertissements

Le poste « Divertissements » varie beaucoup d'une personne ou d'une famille à l'autre : tout dépend du mode de vie, des goûts et, bien sûr, des moyens. C'est le poste de dépenses qui risque fort de vous jouer de vilains tours si vous ne faites pas des prévisions rigoureuses. Vous y inclurez les sommes dépensées aussi bien pour faire du sport que pour aller à des spectacles. Combien vous coûtent les entrées à la piscine et l'abonnement pour le ski ? Combien de fois, en moyenne, allez-vous au cinéma dans l'année ? Avez-vous l'intention de changer votre équipement de ski pour la prochaine saison ? Réfléchissez bien à tous les frais entraînés par vos loisirs, car c'est souvent dans ce domaine qu'on oublie certaines dépenses. Sachez qu'il est préférable d'inscrire les frais reliés aux vacances dans un poste différent de celui des divertissements.

Dépenses : les divertissements

Pour les divertissements, la famille Dion prévoit qu'elle dépensera probablement le même montant que l'année dernière, soit 2 500 $.

3.2.9   L'habillement

Dans le domaine de l'habillement, le meilleur guide est là aussi l'expérience. Vous savez à peu près quels seront vos besoins vestimentaires durant les 12 prochains mois et vous avez une bonne idée des prix en la matière. Alors calculez, pour chaque membre de la famille, le montant qu'il vous faudra consacrer à l'achat de vêtements et de chaussures. Méfiez-vous, car les dépenses vestimentaires figurent parmi les plus imprévisibles en raison de leur grande irrégularité.

En effet, on n'achète pas des vêtements chaque semaine, et les événements inattendus (un mariage ou un anniversaire particulier, par exemple) créent souvent le besoin. En outre, on a souvent tendance à s'offrir ce genre d'articles lorsque l'envie nous prend, que l'occasion se présente ou que la mode change. Sur le plan vestimentaire, il n'est pas toujours facile de tout prévoir, mais il est quand même possible d'effectuer des projections relativement fiables.

Dépenses : l'habillement

Madame et monsieur Dion estiment que, pour combler les besoins en habillement des quatre membres de la famille, le montant de leurs dépenses vestimentaires doit être identique à celui de 2001 : 3 600 $.

3.2.10 L'entretien

Même si vous êtes locataire, vous devez prévoir un montant pour l'entretien de votre logis, car vous devez bien de temps à autre repeindre des pièces, faire réparer certains appareils électroménagers, etc. Et si vous êtes propriétaire d'une maison ou d'un appartement, vous savez combien il est important de bien l'entretenir. Par conséquent, vous devez prévoir chaque année une dépense pour des travaux de réparation afin de répartir ce genre de frais sur plusieurs années. Dans les frais d'entretien annuels, certains sont fixes et prévisibles : le contrat de déneigement et la tonte du gazon, par exemple.

Dépenses : l'entretien

Monsieur Dion a prévu qu'il effectuerait l'été prochain quelques travaux d'entretien : remise à neuf de certaines fenêtres de la maison et de la toiture du cabanon et changement de la porte du cabanon. Par ailleurs, il sait que la piscine creusée entraîne tous les ans des dépenses de 400 $ environ : 200 $ pour le contrat d'entretien et sensiblement le même montant pour les produits d'entretien.

À partir de ces données, il a calculé que les dépenses totales pour le poste « Entretien » au cours de la prochaine année s'élèveraient à 1 400 $.

3.2.11 Les vacances

Chaque année, la même question se pose : « Que ferons-nous pendant les vacances ? » Les vacances entraînent habituellement de grosses dépenses, parce qu'elles impliquent souvent un voyage, c'est-à-dire un grand déplacement en voiture, un vol en avion ou une croisière, des frais d'hébergement, etc. Elles représentent un poste de dépenses qui varie beaucoup d'une famille à l'autre et qui est particulièrement considérable quand on prévoit partir avec toute la famille ou en couple.

Dépenses : les vacances

Durant l'été 2001, la famille Dion a passé trois semaines en Floride et elle s'est rendue plusieurs fois à Disney World. Comme monsieur Dion n'avait pas prévu cette dépense dans son budget, il a dû emprunter 2 500 $ pour ce voyage ; il doit rembourser cet emprunt au cours de l'année 2002. La somme inscrite à la rubrique « Vacances » de son nouveau budget correspond à ce remboursement. La famille Dion n'envisage donc pas voyager durant les vacances de la prochaine année.

3.2.12 Les assurances automobiles

Les assurances automobiles sont généralement une dépense incompressible et très facile à calculer. Pour connaître le montant annuel de votre police d'assurance, consultez vos factures de l'an dernier ou téléphonez tout simplement à votre assureur, surtout si vous prévoyez une modification des primes (si vous avez eu la malchance d'avoir un accident ou si vous envisagez de changer de voiture, par exemple).

Dépenses : les assurances automobiles

La famille Dion possède deux automobiles. La voiture la plus ancienne ayant plus de cinq ans, la prime annuelle est de 200 $. Celle utilisée par monsieur Dion est plus récente ; la prime est de 500 $. Monsieur Dion prévoit donc dépenser au total 700 $ pour assurer ses deux automobiles au cours de la prochaine année.

3.2.13 L'assurance habitation

Si vous ne prévoyez aucuns travaux ni achats majeurs susceptibles d'augmenter la valeur de votre maison ou de son contenu, votre prime d'assurance devrait être semblable à celle de la dernière année. Vous pourrez obtenir de meilleurs taux en assurant votre maison et votre automobile auprès de la même compagnie.

Dépenses : l'assurance habitation

Pour la famille Dion, la prime d'assurance de propriétaire-occupant représente une dépense totale de 400 $.

3.2.14 L'allocation-repas

Le calcul de l'«allocation-repas» est un vrai casse-tête! En effet, il n'est pas facile pour un travailleur d'évaluer ce qu'il dépense en moyenne chaque semaine pour ses repas du midi au restaurant. Comme il ne va pas nécessairement au même restaurant chaque jour et qu'il mange parfois avec des collègues ou avec un client, la note varie considérablement d'un jour à l'autre.

La façon la plus pratique de calculer le montant annuel des frais de repas consiste à additionner les dépenses d'une semaine typique, puis à multiplier le résultat par 52. Cette évaluation permet de limiter les frais de restaurant, qui se révèlent souvent plus élevés qu'on ne le pense.

Dépenses : l'allocation-repas

Le midi, monsieur Dion mange à l'un des restaurants ou à la brasserie situés près de son bureau et cela lui coûte environ 10 $ par jour ouvrable. Étant donné qu'il travaille 240 jours par an, ses frais de repas s'élèvent annuellement à 2 400 $.

3.2.15 L'autobus et le métro

Le poste « Autobus/métro » est à évaluer lorsque ces moyens de transport sont utilisés régulièrement pour les déplacements requis par le travail, les études ou les loisirs.

Dépenses : l'autobus et le métro

Monsieur Dion prend sa voiture pour se rendre au travail. Ce sont ses enfants qui utilisent l'autobus et le métro pour leurs déplacements. Il prévoit que cela lui coûtera pour la prochaine année la même somme que l'année passée, soit 960 $.

3.2.16 L'argent de poche

Dans l'évaluation du montant à consacrer à l'argent de poche, le risque de sous-estimer les dépenses est énorme. Avez-vous déjà essayé de compter ce que vous dépensez au cours d'une année, en cafés au bureau, en cigarettes (si vous êtes encore fumeur), en billets de loto, en journaux et revues, en bière ou en alcool durant les cinq à sept ? Faites le calcul, et vous serez fort probablement étonné du résultat.

Tout comme pour le poste « Allocation-repas », la meilleure méthode pour calculer le montant à inscrire au poste « Argent de poche » consiste à additionner les dépenses d'une semaine ou d'un mois, selon le degré de précision recherché, et à multiplier le résultat par 52, dans le premier cas, ou par 12, dans le second cas. La première fois, on est toujours un peu surpris par l'importance de la somme à prévoir à ce poste. Le plus naturellement du monde, on est porté à sabrer en premier lieu dans ce «superflu». Les belles résolutions pleuvent: *je réduirai ma consommation de bière, j'arrêterai de fumer, je boirai moins de café...* Attention! Ne vous croyez pas obligé de mener une vie de moine parce que vous faites un budget.

Dépenses : l'argent de poche

Dans le budget des Dion, la rubrique «Argent de poche» correspond essentiellement aux sorties au restaurant. Madame et monsieur Dion vont en général manger au restaurant, en couple ou en famille, toutes les deux semaines et dépensent en moyenne 60$ chaque fois. En multipliant ce montant par 26, ils se sont aperçus que ces sorties leur coûtaient environ 1 560$ par an.

3.2.17 Les frais divers

Une panne de voiture, une invitation à une fête, le séjour à la maison de parents en voyage dans la région, des fuites provenant de la toiture, des ennuis avec le réfrigérateur... Voilà autant d'imprévus qui, cumulés, ruinent parfois un budget.

Afin d'éviter d'être pris au dépourvu par de telles situations, constituez-vous une provision pour «frais divers». Ainsi, vous pourrez faire face aux dépenses imprévues sans mettre vos finances en péril. Et si aucun malheur ne vous tombe sur la tête au cours de l'année, tant mieux : vous disposerez d'une somme qui améliorera d'autant plus votre situation financière.

Au bout d'un certain temps, votre réserve pour imprévus finira par constituer un véritable « coussin de sécurité ». Ce coussin est capital ; c'est une assurance contre les coups durs et contre vos coups de tête...

Quelle somme devrez-vous consacrer à cette réserve ? Cela dépend de vos revenus, de l'âge de votre voiture et de vos appareils électroménagers, et surtout de votre mode de vie et de vos habitudes. L'important, c'est que vous fixiez un montant et que vous vous arrangiez pour ne pas le dépasser. Et si, pour une raison quelconque, vous devez puiser dans votre réserve, donnez-vous pour priorité, durant les semaines et les mois suivants, de la reconstituer.

Dépenses : les frais divers

Ne prévoyant aucune dépense exceptionnelle durant les 12 mois à venir (le toit de la maison a été refait à neuf il y a deux ans, tous les appareils électroménagers semblent en bon état, les voitures fonctionnent bien et la famille dispose de tous les meubles nécessaires), monsieur Dion a décidé de mettre au poste « Frais divers » un montant qu'il considère comme raisonnable : 400 $ pour l'année. Pour fixer ce montant, il s'est basé sur son expérience : il a calculé ce que lui avaient coûté certains imprévus dans le passé. Bien que cette somme soit plutôt modeste, il l'estime suffisante pour couvrir les dépenses inattendues.

Note importante concernant les dettes

Pour simplifier la présentation du budget traditionnel, nous n'avons pas créé un poste spécifique pour le remboursement annuel des dettes. Nous avons préféré distribuer les dettes à payer dans les divers postes où elles sont applicables. Par exemple, nous avons inclus les versements sur le prêt automobile dans le poste «Automobile». Par ailleurs, nous n'avons pas tenu compte des achats à tempérament ni des sommes dues sur les cartes de crédit. Cependant, l'endettement fait partie de notre vie quotidienne, et le remboursement des dettes gruge souvent une bonne partie de notre budget. C'est pourquoi nous traiterons en détail de l'endettement au chapitre 8.

3.3   Un premier budget

Jusqu'à maintenant, nous avons fait des prévisions, effectué des calculs et aligné des chiffres. Il s'agissait là des premiers pas dans la planification d'un budget traditionnel.

Vous connaissez à présent le total de vos revenus nets et celui de vos dépenses pour la prochaine année. Pour savoir où vous allez, soustrayez vos dépenses de vos revenus nets. Si le résultat est positif, c'est que vos revenus sont supérieurs à vos dépenses; vous disposez d'un excédent qui vous permettra d'augmenter soit vos épargnes, soit l'argent consacré à tel ou tel poste. Si le résultat est négatif, cela signifie que vos dépenses sont supérieures à vos revenus nets; il vous faut soit effectuer des compressions dans vos dépenses, soit chercher un emploi d'appoint, soit emprunter pour combler le manque à gagner... des mesures lourdes de conséquences. Bref, quel que soit le résultat obtenu, vous aurez des choix à faire.

Budget annuel (méthode traditionnelle)

REVENUS NETS (après impôt)		42 000 $
Moins :	postes budgétaires	
1	Hypothèque	7 200 $
2	Taxes	2 500 $
3	École	1 700 $
4	Nourriture	7 680 $
5	Électricité	1 400 $
6	Automobile (mensualités, essence, entretien)	7 100 $
7	Téléphone	500 $
8	Divertissements	2 500 $
9	Habillement	3 600 $
10	Entretien	1 400 $
11	Vacances (emprunt bancaire)	2 500 $
12	Assurances automobiles	700 $
13	Assurance habitation	400 $
14	Allocation-repas	2 400 $
15	Autobus/métro	960 $
16	Argent de poche	1 560 $
17	Frais divers	400 $
	Dépenses totales	44 500 $
	Surplus ou déficit (–)	– 2 500 $

Le budget de la famille Dion est déficitaire. Les dépenses prévues s'élevant à 44 500 $ et les revenus à 42 000 $, le déficit atteint 2 500 $. Madame et monsieur Dion doivent donc réviser tous les postes de dépenses. Où devront-ils réduire ou éliminer des dépenses ? L'an dernier, pour équilibrer le budget 2001, monsieur

Dion avait supprimé la somme allouée aux vacances. Le montant de 2 500 $ figurant au poste « Vacances » pour l'année 2002 est la dette à payer pour les vacances de l'année 2001.

3.3.1   Faites votre propre budget

Vous êtes maintenant en mesure de bâtir votre budget selon vos propres besoins. Si vous en êtes à votre premier budget, il sera plus simple que vous regroupiez vos revenus et vos dépenses par saison, car les dépenses ne sont pas nécessairement les mêmes d'une saison à l'autre. Par exemple, les dépenses vestimentaires sont plus élevées l'hiver que l'été.

Votre budget établi selon la méthode traditionnelle vous indique peut-être que vos revenus sont supérieurs à vos dépenses. Tant mieux, vous vous trouvez face à un budget excédentaire et pouvez déjà augmenter votre épargne, ou bien consacrer plus d'argent à un poste budgétaire particulier.

Si, au contraire, vos dépenses se révèlent supérieures à vos revenus, votre budget est déficitaire (comme celui de la famille Dion). Vous devrez donc procéder à des compressions. Le choix sera difficile, parce que vous devrez peut-être remettre en question certaines de vos habitudes en tant que consommateur. Quelles dépenses réduire? « Celles prévues pour la nourriture. Et pour les sorties au restaurant. Et puis, je vais me rendre au travail en métro. » La décision vous appartient. C'est à vous de choisir où ira l'argent que vous gagnerez durant la prochaine année, en fonction de vos habitudes, de vos goûts, de vos priorités et de vos préférences.

Mon budget annuel (méthode traditionnelle)

Description	Saison				Total annuel
Postes budgétaires	Automne	Hiver	Printemps	Été	
Revenus	$	$	$	$	$
Total des revenus	$	$	$	$	$
Dépenses	$	$	$	$	$
Total des dépenses	$	$	$	$	$

EN RÉSUMÉ

En planifiant votre budget selon la méthode traditionnelle, vous avez fait les premiers pas qui vous mèneront vers l'indépendance financière. Ce budget vise avant tout à examiner vos habitudes de consommation antérieures.

Comment ?

• En reprenant vos déclarations de revenus et en calculant votre revenu net actuel.

• En consultant vos talons de chèques et feuilles de paie.

• En enregistrant avec beaucoup de minutie toutes vos dépenses quotidiennes.

Pourquoi ?

• Pour vous permettre de découvrir vos entrées et sorties d'argent et de revoir vos habitudes de consommation.

• Pour vous redonner confiance et vous aider à définir vos objectifs financiers.

• But ultime : vous mener à une situation financière relativement confortable, à moyen et à long terme.

L'établissement d'un budget est une pratique courante et fondamentale en affaires. Or, vous devez gérer vos finances comme une entreprise gère les siennes.

Chapitre 4

Réduire ses dépenses pour équilibrer son budget

Comme vous avez pu vous en rendre compte au cours de la préparation de votre budget traditionnel, le principe en est on ne peut plus simple : il s'agit de prévoir avec le plus de précision possible les revenus et les dépenses, puis de les comparer. Si vos revenus sont plus élevés que vos dépenses, vous pouvez dormir tranquille : votre situation financière est bonne. Par contre, si vos dépenses sont plus élevées que vos revenus, attention ! Vous vivez peut-être au-dessus de vos moyens. En dépensant plus que vous ne gagnez, vous devrez forcément emprunter pour combler le déficit, ou trouver un travail d'appoint.

Voilà pour le principe. Il n'est pas compliqué, mais il cache une multitude de petits trucs, d'astuces et de méthodes de calcul qui peuvent vous permettre d'équilibrer votre budget. Dans ce chapitre nous vous présentons quelques façons de faire. Nous en dévoilerons d'autres aux chapitres 5 et 8, lorsque nous approfondirons la question du budget par activités.

4.1　Un budget à équilibrer

Reprenons le budget de la famille Dion présenté au chapitre précédent. C'est le budget type d'un ménage ayant des revenus fixes.

Budget annuel (méthode traditionnelle)

REVENUS NETS (après impôt)		42 000 $
Moins :	postes budgétaires	
1	Hypothèque	7 200 $
2	Taxes	2 500 $
3	École	1 700 $
4	Nourriture	7 680 $
5	Électricité	1 400 $
6	Automobile (mensualités, essence, entretien)	7 100 $
7	Téléphone	500 $
8	Divertissements	2 500 $
9	Habillement	3 600 $
10	Entretien	1 400 $
11	Vacances (emprunt bancaire)	2 500 $
12	Assurances automobiles	700 $
13	Assurance habitation	400 $
14	Allocation-repas	2 400 $
15	Autobus/métro	960 $
16	Argent de poche	1 560 $
17	Frais divers	400 $
	Dépenses totales	44 500 $
	Surplus ou déficit (−)	− 2 500 $

La famille Dion n'a qu'une source principale de revenus : le salaire du père. En plus de l'hypothèque, monsieur Dion doit rembourser, par versements mensuels, les prêts qu'il a contractés pour acheter son automobile et payer les vacances. Il essaie depuis quelques années de sortir de la spirale de l'endettement et cherche un moyen d'équilibrer son budget.

Comme nous l'avons déjà constaté, le budget de la famille Dion est déficitaire. Devant cette situation, monsieur Dion réunit sa femme et ses deux enfants autour de la table de cuisine afin de revoir avec eux les prévisions budgétaires de la prochaine année. Il estime que cette révision du budget en famille offrira à chacun l'occasion d'analyser ses habitudes en matière de consommation et de s'impliquer dans la prise de décisions orientées vers le changement. Son objectif premier est de diminuer les dépenses de 3 500 $. L'essentiel, c'est donc de revoir toutes les dépenses une à une dans le but d'en réduire certaines, pour finalement réussir à éliminer le déficit de 2 500 $ et à dégager un surplus de 1 000 $... Mais où effectuer des compressions ?

Afin d'aider la famille Dion dans le choix de ses compressions budgétaires, nous avons demandé à trois groupes de quatre personnes, incarnant le père, la mère, la fille de 16 ans et le fils de 18 ans, d'effectuer l'exercice consistant à diminuer les dépenses de la famille Dion de 3 500 $. Les trois familles (les Plouffe, les Larivière et les Lavigueur) disposaient de 30 minutes pour équilibrer le budget de la famille Dion en tenant compte des limites suivantes : les versements mensuels pour l'hypothèque, les taxes, l'emprunt contracté afin de partir en vacances en 2001 et le prêt automobile n'étaient pas négociables. Bien entendu, toutes les propositions étaient acceptées, puisqu'il ne pouvait y avoir de mauvaises réponses.

Les familles se trouvaient dans l'obligation d'atteindre l'objectif que s'était fixé monsieur Dion : réduire de 3 500 $ les dépenses prévues dans son budget. Les discussions entre les membres de chacune des familles ont donné au processus décisionnel trois teintes différentes, liées aux mécanismes d'influence et de contrôle employés. En effet, l'expérience a mis en lumière trois façons d'agir pour résoudre le problème : le style « participatif et consensuel » (Plouffe), le style « négociation et influence » (Larivière) et le style « systémique et rationnel » (Lavigueur).

4.1.1   La proposition de la famille Plouffe

La famille Plouffe est arrivée à un consensus sur deux catégories de dépenses : toutes celles en rapport avec l'alimentation, en particulier l'allocation-repas du père, et celles relatives à l'habillement de tous les membres de la famille. En tombant d'accord aussi bien sur une diminution substantielle totale de 3 000 $ aux postes « Nourriture » et « Allocation-repas » que sur une réduction « raisonnable » de 500 $ au poste « Habillement », elle a réussi à faire passer le budget de dépenses de 44 500 $ à 41 000 $.

Proposition de la famille Plouffe

Description	Famille Dion	Famille Plouffe	Diminution
REVENUS NETS (après impôt)	42 000 $	42 000 $	
DÉPENSES			
Hypothèque	7 200 $	7 200 $	0 $
Taxes	2 500 $	2 500 $	0 $
École	1 700 $	1 700 $	0 $
Nourriture	7 680 $	7 080 $	600 $
Électricité	1 400 $	1 400 $	0 $
Automobile	7 100 $	7 100 $	0 $
Téléphone	500 $	500 $	0 $
Divertissements	2 500 $	2 500 $	0 $
Habillement	3 600 $	3 100 $	500 $
Entretien	1 400 $	1 400 $	0 $
Vacances	2 500 $	2 500 $	0 $
Assurances automobiles	700 $	700 $	0 $
Assurance habitation	400 $	400 $	0 $
Allocation-repas	2 400 $	0 $	2 400 $
Autobus/métro	960 $	960 $	0 $
Argent de poche	1 560 $	1 560 $	0 $
Frais divers	400 $	400 $	0 $
			Total : 3 500 $
Dépenses totales	44 500 $	41 000 $	
Surplus ou déficit (−)	− 2 500 $	1 000 $	

Le style choisi par la famille Plouffe pour trouver une solution s'apparente au style «participatif et consensuel»[2]. Ce style implique avant tout de rechercher activement la collaboration des parties. De ce fait, le processus décisionnel est marqué par une succession de compromis, et la prise de conscience du problème est lente. Les étapes de la prise de décision sont jalonnées de longs marchandages entre les centres de pouvoir (ici, parents, d'un côté, et adolescents, de l'autre), jusqu'à ce qu'une entente sur un ensemble de préférences soit conclue. Résultat : la famille Plouffe n'est parvenue à un consensus qu'à la toute dernière minute du temps alloué.

Les membres de la famille Plouffe ne sont tombés d'accord qu'au terme d'une longue suite de compromis au cours de laquelle les parents ont fait des concessions importantes. Ils ont décidé de garder le montant consacré aux divertissements au détriment de ceux alloués à l'alimentation.

La réduction des dépenses relatives à l'habillement ne sera réalisable que si tout le monde accepte de porter encore certains vêtements l'année prochaine. La proposition de couper l'allocation-repas suscitera certainement des discussions familiales lorsqu'il s'agira de passer à l'action. Cette compression est-elle réaliste ?

L'effet de la proposition de la famille Plouffe

La conjugaison des diminutions aux postes « Nourriture » et « Allocation-repas » aura certainement un impact négatif sur les dépenses d'épicerie. En effet, la coupe sombre dans l'allocation-repas se conjugue mal avec la réduction prévue au poste « Nourriture ». Quand on connaît l'importance de la facture d'épicerie dans une famille comprenant deux jeunes gens, on s'aperçoit d'emblée que les décisions de la famille Plouffe sont loin d'être réalistes et pourront difficilement être appliquées par tous les membres de la famille. Par contre, les compressions au poste « Habillement » sont réalisables si chacun accepte de conserver ses vêtements un peu plus longtemps et résiste pendant un an à la tentation de courir au magasin dès qu'une nouvelle griffe arrive sur le marché.

4.1.2   La proposition de la famille Larivière

Dans la famille Larivière, la question de savoir s'il fallait ou non se départir de l'automobile la plus ancienne a été au cœur des discussions. Contrairement aux Plouffe, les Larivière n'ont pas hésité à diminuer considérablement les montants alloués aux postes «Divertissements» et «Argent de poche», et ils n'ont réduit qu'un tout petit peu le poste «Allocation-repas». En résumé, cinq postes ont été touchés par des compressions, dont deux de manière assez importante.

Proposition de la famille Larivière

Description	Famille Dion	Famille Larivière	Diminution
REVENUS NETS (après impôt)	42 000 $	42 000 $	
DÉPENSES			
Hypothèque	7 200 $	7 200 $	0 $
Taxes	2 500 $	2 500 $	0 $
École	1 700 $	1 700 $	0 $
Nourriture	7 680 $	7 680 $	0 $
Électricité	1 400 $	1 400 $	0 $
Automobile	7 100 $	6 000 $	1 100 $
Téléphone	500 $	500 $	0 $
Divertissements	2 500 $	1 160 $	1 340 $
Habillement	3 600 $	3 600 $	0 $
Entretien	1 400 $	1 400 $	0 $
Vacances	2 500 $	2 500 $	0 $
Assurances automobiles	700 $	500 $	200 $
Assurance habitation	400 $	400 $	0 $
Allocation-repas	2 400 $	2 000 $	400 $
Autobus/métro	960 $	960 $	0 $
Argent de poche	1 560 $	1 100 $	460 $
Frais divers	400 $	400 $	0 $
			Total : 3 500 $
Dépenses totales	44 500 $	41 000 $	
Surplus ou déficit (−)	− 2 500 $	1 000 $	

Les Larivière ont adopté le style « négociation et influence » entre les parties afin d'arriver à une bonne collaboration et à un parfait accord sur les mesures à prendre. Ils ont visé à ce que les solutions soient satisfaisantes pour tout le monde. Les membres de la famille ont traité le problème avec logique. Ils ont ainsi évité un obstacle de taille : les incohérences entre les diverses compressions choisies.

L'effet de la proposition de la famille Larivière

Les réductions proposées par la famille Larivière pourront être appliquées sans nécessiter trop de concessions de part et d'autre. Il en est notamment ainsi de la décision de se départir de la seconde voiture. Cette décision permet de diminuer le total des dépenses de 1 300 $: on économise les 1 100 $ de frais d'entretien et d'enregistrement, et les 200 $ de primes d'assurance. En outre, elle peut être rapidement mise en application. La diminution des dépenses prévues au poste « Divertissements » est cependant loin d'être un choix aussi judicieux. Non seulement elle est difficilement réalisable, mais elle est dangereuse : elle s'apparente à celle que monsieur Dion a effectuée au poste « Vacances » de son budget 2001 ! Et tout comme celle de la famille Plouffe, la réduction des dépenses pour l'habillement ne sera réalisable que si tous les membres de la famille acceptent cette décision. Il est clair que les membres de la famille Larivière ont traité le problème de façon à éviter les incohérences entre les diverses options.

4.1.3 La proposition de la famille Lavigueur

Les membres de la famille Lavigueur ayant suivi un raisonnement cartésien, c'est sans grande discussion qu'ils sont vite arrivés à une solution bien simple : diminuer tous les postes compressibles d'un pourcentage égal. Les postes non compressibles : l'hypothèque, les taxes, l'école, l'emprunt pour les vacances 2001 et les assurances, soit un montant total de 15 000 $ n'ont pas été touchés. Les autres postes, considérés comme compressibles, ont été diminués de 11,8 % afin d'atteindre l'objectif : diminuer le budget de 3 500 $.

Proposition de la famille Lavigueur

Description	Famille Dion	Famille Lavigueur	Diminution
REVENUS NETS (après impôt)	42 000 $	42 000 $	
DÉPENSES			
Hypothèque	7 200 $	7 200 $	0 $
Taxes	2 500 $	2 500 $	0 $
École	1 700 $	1 700 $	0 $
Nourriture	7 680 $	6 770 $	910 $
Électricité	1 400 $	1 234 $	166 $
Automobile	7 100 $	6 259 $	841 $
Téléphone	500 $	440 $	60 $
Divertissements	2 500 $	2 203 $	297 $
Habillement	3 600 $	3 174 $	426 $
Entretien	1 400 $	1 233 $	167 $
Vacances	2 500 $	2 500 $	0 $
Assurances automobiles	700 $	700 $	0 $
Assurance habitation	400 $	400 $	0 $
Allocation-repas	2 400 $	2 115 $	285 $
Autobus/métro	960 $	846 $	114 $
Argent de poche	1 560 $	1 375 $	185 $
Frais divers	400 $	351 $	49 $
			Total : 3 500 $
Dépenses totales	44 500 $	41 000 $	
Surplus ou déficit (−)	− 2 500 $	1 000 $	

L'effet de la proposition de la famille Lavigueur

Les Lavigueur visaient avant tout la diminution des dépenses de quelques postes d'une façon arbitraire dans le but d'éviter les discussions interminables. Ils n'ont pas tenu compte des autres possibilités qui s'offraient à eux. Plusieurs de leurs solutions seront difficilement applicables, surtout celles ayant un effet l'une sur l'autre, comme dans le cas des postes « Nourriture » et « Allocation-repas » ou « Divertissements » et « Argent de poche ».

4.1.4   Synthèse des styles de prise de décision et des propositions

Dans la recherche d'un consensus sur les solutions possibles, les familles ont agi différemment : les Plouffe ont adopté le style « participatif et consensuel », les Larivière, le style « négociation et influence » et les Lavigueur, le style « systémique et rationnel ».

La récapitulation des propositions soumises par les trois familles met en lumière le fait que pour atteindre le même résultat, chacune des « familles-conseils » a pris des décisions différentes.

La famille Plouffe a modifié trois postes de dépenses ; la famille Larivière en a touché cinq tandis que la famille Lavigueur a diminué tous les postes compressibles.

Propositions des 3 familles

Postes	Description	Famille Dion	Diminutions proposées		
			Plouffe	Larivière	Lavigueur
Postes	REVENUS NETS (après impôt)	42 000 $			
	DÉPENSES				
1	Hypothèque	7 200 $	0 $	0 $	0 $
2	Taxes	2 500 $	0 $	0 $	0 $
3	École	1 700 $	0 $	0 $	0 $
4	Nourriture	7 680 $	600 $	0 $	910 $
5	Électricité	1 400 $	0 $	0 $	166 $
6	Automobile	7 100 $	0 $	1 100 $	841 $
7	Téléphone	500 $	0 $	0 $	60 $
8	Divertissements	2 500 $	0 $	1 340 $	297 $
9	Habillement	3 600 $	500 $	0 $	426 $
10	Entretien	1 400 $	0 $	0 $	167 $
11	Vacances	2 500 $	0 $	0 $	0 $
12	Assurances automobiles	700 $	0 $	200 $	0 $
13	Assurance habitation	400 $	0 $	0 $	0 $
14	Allocation-repas	2 400 $	2 400 $	400 $	285 $
15	Autobus/métro	960 $	0 $	0 $	114 $
16	Argent de poche	1 560 $	0 $	460 $	185 $
17	Frais divers	400 $	0 $	0 $	49 $
			3 500 $	3 500 $	3 500 $
	Dépenses totales	44 500 $			
	Surplus ou déficit (−)	− 2500 $			

4.1.5   Et vous, que feriez-vous ?

Le travail fait par les « familles-conseils » pour aider la famille Dion à diminuer ses dépenses constitue un exercice que vous pouvez vous-même effectuer. Rien ne vous empêche de réduire les dépenses de la famille Dion afin de dégager un surplus de 1 000 $. Cet exercice vous permettra de bien saisir combien les solutions envisagées dépendent des valeurs ou des croyances de chacun.

Pour faciliter l'apprentissage, nous avons décidé de limiter à 17 le nombre de postes du budget de la famille Dion. Cependant, nous sommes conscients que pour obtenir une plus grande précision, une personne ou une famille doit répertorier toutes ses dépenses (médicaments, livres et périodiques, cadeaux, etc.), puis les inclure dans son budget.

Diminution des dépenses de 3 500 $

Description	Famille Dion	Votre proposition	Diminution
REVENUS NETS (après impôt)	42 000 $	42 000 $	0 $
DÉPENSES			
Hypothèque	7 200 $	7 200 $	0 $
Taxes	2 500 $	2 500 $	0 $
École	1 700 $	1 700 $	
Nourriture	7 680 $		
Électricité	1 400 $		
Automobile	7 100 $		
Téléphone	500 $		
Divertissements	2 500 $		
Habillement	3 600 $		
Entretien	1 400 $		
Vacances	2 500 $	2 500 $	
Assurances automobiles	700 $		
Assurance habitation	400 $	400 $	
Allocation-repas	2 400 $		
Autobus/métro	960 $		
Argent de poche	1 560 $		
Frais divers	400 $		
			Total : 3 500 $
Dépenses totales	44 500 $	41 000 $	
Surplus ou déficit (−)	− 2500 $	1000 $	

EN RÉSUMÉ

L'exercice consistant à réduire de 3 500 $ les dépenses prévues par la famille Dion démontre à quel point il est difficile d'équilibrer un budget. En analysant les compressions proposées par les trois « familles-conseils », on se rend compte que diminuer les dépenses d'un budget est un exercice plus théorique que pratique.

Outre le style de chacune des familles, il est certain que les valeurs personnelles de chaque participant ont eu une influence sur les décisions prises.

À l'issue de l'exercice proposé, on arrive à la conclusion que :

• il est difficile d'arriver à un accord sur le choix des compressions ;

• le participant qui défend le mieux ses idées réussit souvent à convaincre les autres membres du groupe ;

• les solutions retenues sont susceptibles d'être remises en cause ou ignorées dès que survient un imprévu.

• les décisions prises sont plus subjectives qu'objectives ;

• les solutions choisies ne sont pas toujours réalistes ;

Pour équilibrer un budget de façon réaliste, autrement dit pour trouver des solutions qui ne soient pas trop difficiles à appliquer, il faut donc employer une méthode relativement objective et assez souple. C'est pourquoi nous allons, dans le chapitre suivant, expliquer la méthode ABC, qui permet d'établir un budget par activités.

Chapitre 5

Établir son budget par activités

L e budget traditionnel que nous vous avons conseillé d'établir au chapitre 3 avait pour but premier de vous amener à découvrir **où va l'argent que vous gagnez.** Au cours de cet exercice, vous avez calculé vos revenus nets, dressé la liste de vos dépenses et déterminé celles que vous comptiez faire au cours de la prochaine année. Ce point sur votre situation financière vous a sans doute permis de découvrir aussi les mensonges que vous vous racontiez depuis des années et qui ont perturbé votre rapport à l'argent. Quant à votre budget, il vous a donné des indications sur vos habitudes en matière de consommation.

Faire un budget traditionnel en suivant les étapes décrites au chapitre 3 n'est pas une tâche ardue. Cela nécessite seulement d'y consacrer le temps et l'énergie nécessaires pour dresser une liste aussi précise que possible de toutes les dépenses. Cependant, l'établissement d'un budget traditionnel, aussi minutieux soit-il, ne demeure qu'un exercice théorique s'il n'est pas conjugué à une gestion simple, permettant de voir rapidement où l'on va.

Les « grands dépensiers » qui essaient d'établir un budget traditionnel et qui y renoncent au bout de quelques mois sont comparables aux « gros mangeurs » qui veulent se lancer dans un régime amaigrissant[3].

Les gros mangeurs ont la phobie du pèse-personne, mais quand ils décident de suivre un régime, il leur faut bien monter dessus. Lorsque le résultat tombe, ils l'interprètent comme un mauvais coup du sort. Ils sont d'abord incrédules : « Quoi ? J'ai pris 10 kilos ? Non, impossible ! Cette balance ne fonctionne pas. » Puis viennent les excuses : « En fait, j'ai un problème de rétention d'eau », ou bien : « Oui, mais je vais vraiment commencer après les Fêtes », ou encore : « C'est l'hiver, tout le monde prend du poids l'hiver ». Jusqu'au moment où, honteux et désorientés, ils se lancent à corps perdu dans un nouveau régime. Affronter la réalité (le chiffre donné par le pèse-personne) est invariablement synonyme de punition.

Les dépensiers impénitents ont un comportement similaire. Ils frémissent à l'approche de la déclaration de revenus et, de manière générale, chaque fois qu'ils doivent faire leurs comptes. Lorsque le courrier arrive, ils refusent d'ouvrir les enveloppes susceptibles de contenir une facture. Ils utilisent toute la panoplie des cartes de crédit jusqu'à l'extrême limite et font des chèques postdatés en espérant que la paie arrivera avant leur dépôt. Ils empruntent à la banque pour payer les dettes accumulées. Bref, ils tentent en vain de rationaliser leurs dépenses ou refusent de regarder la réalité en face. Ils persistent à jouer ainsi avec le feu jusqu'au jour où ils finissent par capituler et confier le peu de traces qu'ils ont conservées de leur vie financière désorganisée à un conseiller en matière de crédit à la consommation.

C'est alors qu'ils décident de sabrer dans leurs dépenses et de s'astreindre à un budget draconien. Fini le plaisir ; fini le cinéma ; fini les fins de semaine à la mer, le golf, le ski ; fini les jolies robes. Place au pain sec et à l'eau !

Certaines de ces attitudes vous rappellent-elles quelque chose ? Si nous vous posons cette question, ce n'est pas dans l'intention de vous culpabiliser, **mais de vous aider à y voir clair.** Vous culpabiliser ne pourrait que vous pousser à adopter des mesures aussi draconiennes que celles prescrites par de nombreux régimes. Le fait d'affronter la vérité et de reconnaître vos attitudes irrationnelles face à l'argent ou vos conduites de dépendance sera tout simplement votre premier pas vers la réussite.

Le budget par activités se distingue du budget traditionnel en ce qu'il permet de **découvrir les activités qui grugent le plus les ressources financières.** Bien sûr, le budget traditionnel permet de bien gérer ses finances personnelles. Néanmoins, quand vient le moment de décider « Où réduire les dépenses pour équilibrer un budget » (chapitre 4), les choses se compliquent. Nous l'avons constaté tout au long du chapitre précédent. Pour équilibrer le budget, la méthode ABC est d'un grand secours. Non seulement elle nous facilite la tâche, mais elle nous permet d'atteindre une bonne santé financière sans avoir forcément à réduire notre train de vie de manière exagérée.

5.1   La méthode ABC

Les dirigeants des grandes organisations n'ont pas à lire quotidiennement des pages et des pages de rapports pour connaître la situation financière de leur société. Les gestionnaires qui préparent les rapports financiers leur épargnent les détails. Ils vont à l'essentiel sans pour autant sacrifier la précision des données.

La façon nouvelle de préparer un budget, nommé **budget par activités**, dérive d'une méthode conçue par deux professeurs de la Harvard Business School : la méthode ABC (pour *Activity-Based Costing*). Cette méthode (baptisée en français « comptabilité par activités », ou CPA) permet de réorganiser les postes de dépenses. Elle découle de deux constatations :

1. notre style de vie est ponctué d'activités ;

2. les activités consomment nos ressources humaines et financières.

L'établissement de ces liens causals constitue l'avantage de la méthode ABC. En effet, il y a possibilité de regrouper sous un certain nombre d'activités quotidiennes nos propres rubriques (les postes de dépenses) et sous-rubriques, qui reflètent notre style de vie, donc notre façon de dépenser.

C'est à partir de cette juste description de votre situation que vous allez élaborer votre plan pour parvenir à une bonne santé financière.

5.1.1 Le style de vie

L'expression **style de vie** désigne le type d'activités, de centres d'intérêt et d'opinions qui sont propres à une personne et qui dépendent de ses besoins et de ses valeurs[4].

Dans cette définition, le mot clé est «type», car les conduites et les activités qu'une personne choisit afin de satisfaire ses besoins et d'être en accord avec ses valeurs sont remarquablement cohérentes. En fait, on peut associer le style de vie à la tendance à consommer. Par conséquent, notre style de vie peut changer au fil des ans. Ce changement n'est pas dû à une modification de nos besoins fondamentaux – ceux-ci demeurent les mêmes tout au long de la vie adulte – mais de nos valeurs. En d'autres termes, notre style de vie change parce que nos valeurs, et non nos besoins, changent. Et si nos valeurs changent, c'est parce que, tout au long de notre existence, nous subissons l'influence de notre milieu : la classe sociale, la famille, les variables économiques et les sources d'information.

Ces faits expliquent pourquoi il est important que nous connaissions notre style de vie, nos habitudes en matière de consommation et nos conduites irrationnelles sur le plan financier. Nous approfondirons la question du style de vie au chapitre suivant.

5.1.2 Les ressources

Dans le cadre d'un budget traditionnel, comme celui que nous avons examiné au chapitre 3, le mot **ressource** désigne la quantité d'argent rattachée à un poste de dépenses. Par contre, dans le cadre du budget par activités établi selon la méthode ABC, il désigne **chaque élément nécessaire à la réalisation d'une activité.** Par exemple, ainsi que nous le verrons dans ce chapitre, les ressources qu'exige l'activité « Se nourrir » sont : l'*épicerie* pour la nourriture et l'*électricité* pour la cuisson et la réfrigération. La somme des dépenses liées à chacune de ces ressources donne le coût de l'activité, c'est-à-dire le montant d'argent à allouer à l'activité « Se nourrir ».

Le budget par activités comporte une autre caractéristique qui le distingue du budget traditionnel : le poste « Vacances » devient l'**activité** « Partir en vacances ». Les ressources nécessaires pour réaliser cette activité sont l'*hébergement*, les *repas,* le *transport* et l'*habillement*. La somme des dépenses calculées pour chacune de ces ressources donne le coût des vacances.

5.2   Adapter le budget traditionnel à la méthode ABC

Tout d'abord, nous attirons votre attention sur le fait que la méthode ABC a son propre vocabulaire. Nous vous initierons à ce jargon au fil des étapes de la planification du budget par activités. Afin de bien saisir les concepts de cette méthode, nous allons réorganiser les 17 postes du budget traditionnel en suivant ces quatre étapes :

1. définir les activités, les ressources et les inducteurs ;

2. détailler chacune des activités ;

3. créer un processus ;

4. préparer un budget par activités.

5.2.1   Étape 1 : définir les activités, les ressources et les inducteurs

La gestion et le suivi d'un budget traditionnel ne sont pas choses faciles. La difficulté tient au nombre élevé de postes (17 dans le modèle présenté au chapitre 3) que comprend un budget de ce genre. Comme nous l'avons constaté en tentant d'équilibrer le budget de la famille Dion au chapitre précédent, la tâche est particulièrement ardue lorsque vient le moment d'effectuer des compressions dans les dépenses. Pour faciliter la gestion et le suivi de votre budget, nous allons donc réorganiser votre budget traditionnel en fonction de six grandes activités très habituelles : « Se loger », « Se nourrir », « Se déplacer », « Se former », « Travailler » et « Se divertir ».

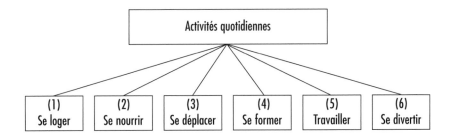

L'activité « Se loger »

Comme nous l'avons expliqué précédemment, la méthode ABC réclame que nous déterminions pour chaque activité les ressources nécessaires, le coût de ces ressources et le coût unitaire de l'activité. Par exemple, l'activité « Se loger » exige les ressources pécuniaires suivantes : hypothèque ou loyer, électricité, assurances, entretien et taxes. Nous devons d'abord calculer la dépense qu'entraîne chacune de ces cinq ressources. Ensuite, nous devons additionner toutes les dépenses de l'activité « Se loger », puis diviser la somme obtenue par 12 (les 12 mois de l'année). Cette dernière opération nous permet de déterminer le coût unitaire de l'activité « Se loger ». Autrement dit, les 12 mensualités, qui entrent dans la catégorie des **inducteurs,** nous permettent de connaître le montant dépensé chaque mois pour cette activité.

L'**inducteur** est un facteur servant à mesurer le volume d'utilisation d'une activité et à déterminer le coût unitaire d'une activité.

L'activité « Se nourrir »

Sur le plan de l'importance du coût, l'activité « Se nourrir » vient au deuxième rang. Elle concerne uniquement les repas pris à domicile. Les repas pris au restaurant dans le cadre du travail, des vacances et des sorties se rattachent à d'autres activités, dont nous parlerons plus loin. Pour déterminer le coût unitaire de cette activité, on utilise le nombre de repas comme inducteur. Pour faciliter la compréhension de la méthode, nous utiliserons le budget de la famille Dion comme modèle.

Activités : se loger et se nourrir

ACTIVITÉS	RESSOURCES	COÛT	INDUCTEURS volume	COÛT UNITAIRE
Se loger	Hypothèque	7 200 $		
	Taxes	2 300 $		
	Électricité	1 160 $		
	Entretien	1 000 $		
	Assurances	400 $		
	Total	12 060 $	12 mensualités	1 005,00 $
Se nourrir	Épicerie	7 680 $		
	Électricité	120 $		
	Frais divers	300 $		
	Total	8 100 $	3 824 repas*	2,12 $

*Calcul des repas : 4 personnes x 3 repas/jour x 7 jours x 52 semaines =   4 368 repas
Moins   repas pris au restaurant : 2 conjoints x 26 semaines =   52 repas
Moins   repas pris au travail : 5 jours de travail x 48 semaines =   240 repas
Moins   repas durant 3 semaines de vacances : 4 personnes x 3 repas x 21 jours =   252 repas
Total   3 824 repas

Dans la colonne « Ressources », nous retrouvons les cinq ressources de la famille Dion pour l'activité « Se loger » et trois ressources pour l'activité « Se nourrir ». Nous savons maintenant que la famille Dion dépense chaque mois 1 005 $ pour « Se loger » et 2,12 $ par repas pour « Se nourrir ».

89

L'activité « Se déplacer »

Une autre activité compte pour une large part dans les dépenses d'une personne ou d'une famille : l'activité « Se déplacer ». Pour calculer le coût de cette activité, on tient compte des mensualités relatives à l'achat ou à la location de l'automobile, auxquelles on ajoute les frais entraînés par la consommation d'essence, les réparations et les assurances. La somme des dépenses divisée par le nombre de kilomètres (l'inducteur) parcourus dans une année (kilométrage calculé en se basant sur les années antérieures) nous donne le montant dépensé par kilomètre pour « Se déplacer ». Le coût au kilomètre est suffisamment précis pour nous permettre de calculer la différence entre le coût d'utilisation d'une automobile et celui d'un véhicule utilitaire (4 x 4).

Activité : se déplacer

Pour ses déplacements, la famille Dion dispose de deux automobiles. Ces deux voitures ayant chacune une utilité particulière bien définie, monsieur Dion a décidé de séparer les ressources de l'activité « Se déplacer » en créant deux sous-activités distinctes : « Se déplacer – Auto 1 » et « Se déplacer – Auto 2 ».

ACTIVITÉS	RESSOURCES	COÛT	INDUCTEURS Volume	COÛT UNITAIRE
Se déplacer Auto 1	Mensualités	4 400 $		
	Essence	1 200 $		
	Réparations	400 $		
	Assurances	500 $		
	Total	6 500 $	25 000 km	0,26 $
Se déplacer Auto 2	Mensualités			
	Essence	300 $		
	Réparations	800 $		
	Assurances	200 $		
	Total	1 300 $	4 200 km	0,31 $
	Total	7 800 $	29 200 km	0,27 $

Pour l'activité « Se déplacer – Auto 1 », en plus des frais habituels d'utilisation, monsieur Dion doit effectuer des versements mensuels de 366,66 $. L'auto 1 a été achetée l'an dernier, et monsieur Dion l'utilise pour se rendre au travail et pour les déplacements en famille. L'auto 2 est entièrement payée et sert pour les petits trajets. Étant donné qu'elle est beaucoup moins récente que l'auto 1, elle nécessite plus de réparations ; le coût du kilomètre est par conséquent plus élevé que celui de l'auto 1, même si on inclut les mensualités dans le calcul du coût au kilomètre de cette dernière.

L'activité « Se former »

L'activité « Se former » recouvre tous les niveaux d'étude : primaire, secondaire, collégial et universitaire. Si vous n'avez pas d'enfants qui suivent des études, vous pouvez placer certaines activités de formation, comme des cours de golf, d'informatique ou de développement personnel dans l'activité « Se divertir ».

Activité : se former

Le couple Dion a deux enfants qui étudient au cégep. En plus des frais reliés directement aux études (frais de scolarité, livres et fournitures), monsieur Dion a décidé d'inclure dans l'activité « Se former » les frais de déplacement en autobus et en métro ainsi qu'une part des dépenses pour l'habillement.

ACTIVITÉS	RESSOURCES	COÛT	INDUCTEURS Volume	COÛT UNITAIRE
Se former (2 étudiants)	Frais de scolarité	500 $		
	Autobus/ métro	960 $		
	Livres/fournitures	1 200 $		
	Habillement	600 $		
	Total	3 260 $	16 cours	203,75 $

L'activité « Travailler »

L'activité « Travailler » recouvre habituellement deux dépenses principales : l'allocation-repas et l'habillement (présentes dans le budget traditionnel). Mais on peut aussi ajouter à ces dépenses les frais de déplacement pour le travail, au lieu d'inclure la totalité des frais relatifs aux déplacements dans l'activité « Se déplacer ». On peut ainsi avoir une bonne idée du coût du transport pour se rendre au travail. Cette information favorise parfois la recherche de moyens permettant de diminuer le coût de l'activité « Travailler », tels que le covoiturage.

Activité : travailler

Monsieur Dion a placé les dépenses de transport relié au travail dans l'activité « se déplacer » plutôt que dans l'activité « travailler », parce qu'il préférait avoir tous les coûts de déplacement sous cette activité ; c'est une question de choix. Il a alloué un montant de 1 000 $ pour l'habillement, auquel il a ajouté l'allocation-repas.

ACTIVITÉS	RESSOURCES	COÛT	INDUCTEURS Volume	COÛT UNITAIRE
Travailler	Habillement	1 000 $		
	Allocation-repas (48 semaines x 5 jours x 10 $)	2 400 $		
	Total	3 400 $	240 jours	14,17 $

L'activité « Se divertir »

L'activité « Se divertir » est généralement un véritable cauchemar, dans le sens où il est extrêmement difficile de cerner toutes les dépenses. La plupart du temps, on ne compte que les gros montants, comme l'abonnement de ski, la cotisation annuelle au club de golf et les frais d'hébergement durant les vacances.

Activité : se divertir

Après discussion en famille, madame et monsieur Dion ont décidé que l'activité « Se divertir » comprendrait, l'année prochaine, cinq catégories d'activités : le ski, le golf, les vacances, la piscine et les sorties. En outre, ils ont jugé préférable d'inclure également le coût de l'habillement en rapport avec chacune des activités sportives.

ACTIVITÉS	RESSOURCES	COÛT	INDUCTEURS Volume	COÛT UNITAIRE
Se divertir	Ski	1 800 $		
	Golf	800 $		
	Vacances	2 500 $		
	Piscine	720 $		
	Sorties (argent de poche)	1 560 $		
	Habillement	1 600 $		
	Total	8 980 $	5 activités	1 796 $

5.2.2   Étape 2 : détailler chacune des activités

On se posera mille et une questions avant de décider de remplacer un service de vaisselle tout ébréché. Pourtant, sans s'en rendre compte, on dépensera la même somme en essence pour aller faire des balades en automobile les dimanches après-midi. La plupart du temps, on ne prête pas attention à ce genre de petites dépenses qui font partie de l'activité « Se divertir ».

Si nous tenons à souligner l'importance des dépenses de cette nature, ce n'est évidemment pas dans l'idée de vous priver d'un plaisir ou de vous obliger à vivre en ermite. C'est pour vous démontrer l'intérêt de tout prévoir et de tout compter au cent près, pour vous faire prendre conscience que c'est à ce niveau que vous devrez modifier vos habitudes et vos comportements. Ainsi vous saurez une fois pour toutes où va votre argent et ne grèverez plus votre budget année après année.

Il est dans la nature humaine de ne pas tenir compte des petites dépenses, puis de les juger négligeables. Pourquoi ne pas se contenter de consigner seulement les grosses dépenses dans le budget du mois ? Parce que, là encore, la réaction du dépensier est comparable à celle du gros mangeur suivant un régime amaigrissant : le jour où il fait une petite entorse à son régime en s'offrant un bagel au fromage à la place d'un fruit, il se dit que ce n'est pas si grave. Et, sans s'en rendre compte, il triche ainsi de plus en plus souvent.

La démarche que nous allons entreprendre avec l'activité « Se divertir » est sans doute la plus importante parce qu'elle a un effet sur toutes les autres démarches. Certains considèrent qu'elle revient à couper les cheveux en quatre et y renoncent. Ils s'en tiennent à des approximations. Si vous faites comme eux, vous aurez une certaine idée de ce que vous faites avec votre argent, mais vous ne réussirez pas vraiment à améliorer votre situation financière. Pour y parvenir, il vous faut préparer votre budget par activités avec détermination. La réussite, nous le répétons, dépend de la précision, de la rigueur et de l'honnêteté intellectuelle avec lesquelles on comptabilise les dépenses et les revenus.

L'activité « Se divertir »

Reprenons en détail l'activité « Se divertir », laquelle représente souvent 30 % des dépenses d'une personne vivant seule ou d'une famille. Elle comprend donc cinq sous-activités : skier, jouer au golf, partir en vacances, se baigner (piscine) et aller au restaurant.

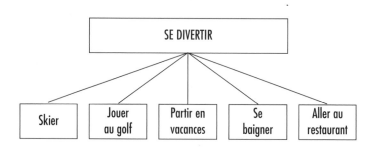

Ici, le choix des inducteurs est capital pour obtenir l'information voulue sur le volume de l'activité. Pour les activités « Skier », « Jouer au golf » et « Aller au restaurant », on se sert du nombre de sorties comme inducteur, tandis que pour l'activité « Partir en vacances », on utilise le nombre de jours, et pour l'activité « Se baigner », le nombre de baignades.

Activité détaillée : se divertir

En détaillant l'activité « Se divertir », la famille Dion obtient une distribution plus complète de chacune des sous-activités.

ACTIVITÉS	RESSOURCES	COÛT	INDUCTEURS Volume	COÛT UNITAIRE
Skier	Passeport – Ski	1 800 $		
	Habillement	600 $		
	Total	2 400 $	12 sorties	200 $
Jouer au golf	Frais d'administration	700 $		
	Équipement (divers)	100 $		
	Habillement	400 $		
	Total	1 200 $	16 sorties	75 $
Partir en vacances	Hébergement	1 500 $		
	Repas			
	(21 jours x 4 personnes x			
	3 repas x 4,00 $)	1 000 $		
	Habillement	600 $		
	Total	3 100 $	21 jours	147,62 $
Se baigner (piscine)	Contrat d'entretien	200 $		
	Produits d'entretien	200 $		
	Électricité	120 $		
	Taxes	200 $		
	Total	720 $	6 baignades	120 $
Sortir	Restaurant	1 560 $	26 sorties	60 $
GRAND TOTAL « SE DIVERTIR »		8 980 $	5 activités	1 796 $

Comme nous l'avons souligné précédemment, l'activité «Se déplacer» compte elle aussi pour une bonne part dans les dépenses. Elle fait partie intégrante de nos habitudes, de notre vie; elle est essentielle pour nous. Pour cette activité, l'important, c'est de connaître le kilométrage annuel. L'inducteur «nombre de kilomètres» permet de découvrir le coût de chaque déplacement.

Pour avoir des détails sur le coût des déplacements effectués avec l'auto 1, monsieur Dion a fait la distribution du kilométrage total pour chacune des activités utilisant cette ressource.

Activité détaillée : déplacements auto 1

Pour avoir des détails sur le coût des déplacements effectués avec l'auto 1, monsieur Dion a fait la distribution du kilométrage total pour chacune des activités utilisant cette ressource.

ACTIVITÉS	DESCRIPTION	UTILISATION (kilomètres)	COÛT*
Travailler	5 jours x 48 semaines x 60 km	14 400	3 744 $
Partir en vacances		4 800	1 248 $
Skier	12 sorties x 200 km	2 400	624 $
Jouer au golf	16 sorties x 60 km	960	250 $
Sortir	26 sorties x 30 km	780	202 $
Frais divers		1 660	432 $
TOTAL - AUTO 1		25 000	6 500 $

* Coût unitaire : 6 500 $ ÷ 25 000 km = 0,26 $ le km.

5.2.3   Étape 3 : créer un processus

Avec la méthode ABC, la réunion des activités ayant un objectif commun aboutit à la création d'un processus. Par exemple, les six activités quotidiennes que sont se loger, se nourrir, se déplacer, se former, travailler et se divertir constituent un processus : le **processus familial.** À l'étape 2, en détaillant certaines activités, nous avons obtenu de nouvelles sous-activités. Si nous relions entre elles certaines de ces sous-activités ayant un même but, nous composons un processus. Les activités en rapport avec le ski, par exemple, se prêtent bien à cet exercice. Une fois reliées, elles forment le processus « Faire du ski », qui regroupe les activités « Skier », « Se déplacer » et « Se nourrir ».

Processus : faire du ski

Pour la famille Dion, le processus « Faire du ski » représente une dépense réelle de 3 126 $ par an, alors que monsieur Dion avait au départ évalué la dépense à 2 400 $ par an. La différence est appréciable : 726 $.

ACTIVITÉS	DESCRIPTION	COÛT	COÛT/sortie
Skier	12 sorties x 200 $	2 400,00 $	
Se déplacer	12 sorties x 200 km x 0,26 $	624,00 $	
Se nourrir	12 sorties x 4 pers x 2,12 $	101,76 $	
TOTAL DU PROCESSUS « FAIRE DU SKI »		3 125,76 $	260,48 $

En reliant les activités du processus « Faire du ski », monsieur Dion a ajouté des coûts dont il n'avait pas tenu compte lors de son calcul du coût de l'activité « Skier ».

Famille
DION

Budget par activités

Finalement, en réorganisant son budget selon la méthode ABC, monsieur Dion a obtenu un budget par activités assez détaillé. Voici le résultat :

ACTIVITÉS	COÛT	INDUCTEURS Volume	COÛT UNITAIRE
Se loger	12 060 $	12 mensualités	1 005,00 $
Se nourrir	8 100 $	3 824 repas	2,12 $
Se déplacer : - Auto 1	6 500 $	25 000 kilomètres	0,26 $
- Auto 2	1 300 $	4 200 kilomètres	0,31 $
Se former	3 260 $	16 cours	203,75 $
Travailler	3 400 $	240 jours	14,17 $
Skier	2 400 $	12 sorties	200,00 $
Jouer au golf	1 200 $	16 sorties	75,00 $
Partir en vacances	3 100 $	21 jours	147,62 $
Se baigner	720 $	6 baignades	120,00 $
Sortir	1 560 $	26 sorties	60,00 $
Frais divers	900 $		
GRAND TOTAL	44 500 $		

Comparaison des 2 méthodes

Afin de comparer son budget par activités à son budget traditionnel, monsieur Dion a dressé le tableau suivant :

MÉTHODE TRADITIONNELLE		MÉTHODE ABC			
POSTES BUDGÉTAIRES	DÉPENSES	ACTIVITÉS	INDUCTEUR	COÛT/UN	COÛT TOTAL
Hypothèque	7 200 $	Se loger	12 mois	1 005,00	12 060 $
Taxes	2 500 $	Se nourrir	3 776 repas	2,12	7 997 $
École	1 700 $	Se former	16 cours	203,75	3 260 $
Nourriture	7 680 $	Travailler	240 jours	29,77 7	7 144 $
Électricité	1 400 $	Skier	12 sorties	260,48	3 126 $
Automobile	7 100 $	Jouer au golf	16 sorties	90,63	1 450 $
Téléphone	500 $	Partir en vacances	21 jours	207,05	4 348 $
Divertissements	2 500 $	Se baigner (piscine)	6 fois	120,00	720 $
Habillement	3 600 $	Sortir	26 fois	67,81	1 763 $
Entretien	1 400 $	Frais divers			2 632 $
Vacances	2500 $	GRAND TOTAL			44 500 $
Assurances automobiles	700 $	Note : avec la méthode ABC, une partie des coûts des repas, de l'habillement et des déplacements a été affectée à différentes activités, ce qui permet d'obtenir le coût réel de chacune des activités.			
Assurance habitation	400 $				
Allocation-repas	2 400 $				
Autobus/métro	960 $				
Argent de poche	1 560 $				
Frais divers	400 $				
GRAND TOTAL	44 500 $				

5.2.4   Étape 4 : préparer un budget par activités

Vous êtes maintenant en mesure de faire un budget par activités, en déterminant les activités et les ressources que vos principales activités exigent. Dans la colonne « Activités », vous inscrirez les activités de votre processus familial ou individuel, comme se loger, se nourrir, jouer au golf, aller au restaurant. Dans la colonne « Coût », vous noterez les sommes que vous prévoyez allouer à chacune des ressources pour la prochaine année. L'inducteur, que vous choisirez selon l'activité, vous permettra d'obtenir le coût unitaire de chacune de vos activités.

Le budget de la famille Dion préparé selon la méthode ABC donne des informations beaucoup plus précises que celui établi selon la méthode traditionnelle. Pareilles données facilitent grandement la tâche quand il s'agit de décider où réduire les dépenses pour équilibrer le budget. Comme nous avons pu le constater au chapitre 4, la tentation de sabrer dans les divertissements, l'allocation-repas ou l'argent de poche est alors grande. Or, nous savons très bien que nous priver de certains plaisirs revient à courir le risque d'abandonner la planification de notre budget à *plus* ou *moins* brève échéance.

C'est à la lumière de connaissances nouvelles sur nos activités, sur notre style de vie et sur notre degré de satisfaction que nous pourrons effectuer des compressions judicieuses dans certaines **activités** plutôt que dans les **dépenses**, afin d'équilibrer notre budget. Nous allons donc traiter ces divers sujets dans les chapitres suivants, et tout spécialement au chapitre 8 où nous verrons comment équilibrer un budget par activités pour arriver à une meilleure gestion de nos finances.

Liste de mes activités

Activités	Activités

Mon budget par activités

ACTIVITÉS	RESSOURCES	COÛT	INDUCTEUR Volume	COÛT UNITAIRE
Se loger		$		$
Se nourrir				

EN RÉSUMÉ

Le budget par activités résulte d'une nouvelle façon de regrouper les dépenses dans un ensemble d'activités. Cet ensemble vise à décrire avant tout la consommation des ressources humaines et financières exigée par les activités quotidiennes.

Dans ce chapitre, vous avez transformé votre budget traditionnel en un budget par activités selon la méthode ABC.

Comment ?

- En réorganisant les postes de dépenses de la méthode traditionnelle à l'aide de la méthode ABC et de notre modèle (le budget de la famille Dion).

- En regroupant les postes de dépenses sous un certain nombre d'activités définies à partir des principes suivants :

   1)   notre style de vie est ponctué d'activités ;

   2)   Les activités consomment nos ressources humaines et financières.

- En établissant votre budget par activités.

Pourquoi ?

- Cette démarche constitue la pierre angulaire de votre nouvelle planification financière.

- **Ce sont vos activités qui consomment vos ressources ; vos activités sont le reflet de votre style de vie.**

Chapitre 6

Qualifier ses activités

Jusqu'à présent, vous avez découvert la partie mathématique de la gestion budgétaire, soit le bilan et le budget par activités, que vous venez d'ailleurs de dresser vous-même. Vous avez donc en main tous les éléments requis pour examiner les choix qui façonnent votre existence.

L'objectif premier de ce chapitre est de vous aider à redéfinir vos priorités comme **consommateur d'activités**. Ainsi, non seulement vous serez en mesure de distinguer un besoin d'un désir impulsif, un achat inutile d'un achat vous apportant un réel contentement, mais, surtout, vous pourrez déterminer votre **degré de satisfaction**.

6.1   La théorie des 2 facteurs

Dans le champ de la psychologie, une théorie de la motivation est née de l'étude de la motivation professionnelle. Il s'agit de la théorie dite «des deux facteurs», mise en avant par Frederick

Herzberg en 1959[5]. À notre connaissance, Frederick Herzberg n'a pas étendu sa théorie aux loisirs ou aux activités quotidiennes, mais nous pensons que ses principes sont parfaitement applicables à ces domaines.

Après avoir interrogé de nombreux travailleurs appartenant à différents corps de métier, Frederick Herzberg a constaté que les facteurs d'insatisfaction professionnelle étaient très différents des facteurs de satisfaction. Ce constat l'a mené à la conclusion suivante : deux classes de facteurs bien distincts ont un effet sur la motivation et la satisfaction professionnelles. Comme nous l'indiquons dans le tableau qui suit, il existe cependant un niveau neutre, où les personnes ne s'estiment **ni satisfaites ni insatisfaites**.

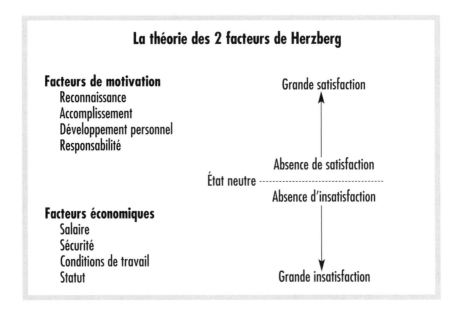

L'insatisfaction résulte de facteurs économiques : niveau de revenu, sécurité de l'emploi, conditions de travail, statut. Quand ces éléments de la vie professionnelle sont convenables, ils ne génèrent pas eux-mêmes de la satisfaction, mais un simple état de neutralité : « Je suis content... sans plus. »

Ce sont les **facteurs de motivation** (ou facteurs moteurs), qui déterminent la satisfaction professionnelle[6] : reconnaissance, accomplissement, développement personnel, responsabilité. On les appelle facteurs de motivation parce qu'ils concernent la qualité du travail lui-même et sont directement responsables de la satisfaction professionnelle, laquelle influe à son tour sur le niveau de performance.

Revenons à la question de l'argent. Sur le plan professionnel, l'argent joue un rôle déterminant dans la suppression temporaire de l'insatisfaction. Pour un travailleur qui se retrouve sans emploi et sans domicile, l'argent prend bien entendu une grande importance. Cet homme aurait certainement une existence plus agréable s'il arrivait à en gagner suffisamment pour louer un appartement.

Cependant, à partir du moment où il gagnera assez d'argent pour avoir un toit, ce n'est pas le fait de retirer un meilleur revenu de son travail, même si cela lui permet de s'acheter une maison, qui lui apportera une plus grande satisfaction professionnelle. En effet, une fois l'insatisfaction disparue, la satisfaction n'apparaît pas pour autant ; on est au **point neutre** (absence de satisfaction). Si son travail ne comporte aucun facteur de motivation, ce travailleur n'en tirera aucune satisfaction, quel que soit son traitement salarial.

Les principes de la théorie de Frederick Herzberg s'appliquent de la même façon à nos loisirs; l'argent ne représente qu'une condition économique, rien de plus. Sans autre stimulus, tout ce que nous pouvons espérer, même avec un million de dollars à consacrer à nos loisirs, c'est d'arriver à un état neutre. Si nous voulons créer les conditions propices à la satisfaction dans les sous-activités de l'activité «Se divertir» déterminée au chapitre 5, nous devons introduire au moins un ou deux facteurs motivants dans nos activités.

Les motivations de Guillaume et de Paul

> Guillaume est un fanatique de randonnées et de régates. L'an dernier, il s'est acheté un nouveau voilier qu'il a fait venir de Suisse. Prix d'achat: 15 000 $. Ce qui le motive, ce n'est pas de naviguer avec un bateau de 15 000 $, c'est la satisfaction de naviguer plus vite que les autres. La satisfaction d'arriver premier dans une compétition, d'avoir accompli un exploit.

> Son ami Paul est un cycliste maniaque des randonnées sur route. Il peut rouler des heures et des heures en admirant les paysages et en discutant de temps à autre avec les personnes qu'il rencontre. Cette année, Paul a décidé de s'acheter un nouveau vélo. Prix d'achat: 2 500 $. Ce qui le motive, tout comme Guillaume, ce n'est pas d'avoir un vélo neuf, mais de pouvoir faire de plus longues randonnées et d'éprouver plus de plaisir à rouler. Il retire une grande satisfaction à pouvoir parcourir un plus grand nombre de kilomètres en un meilleur temps et de façon plus confortable.

Si vous voulez à votre tour tirer parti de vos loisirs, il vous faudra inclure dans vos activités les facteurs de motivation définis par Frederick Herzberg. Vous savez, opter pour une activité bénévole, telle que l'entraînement d'une équipe de hockey de jeunes de calibre pee-wee, peut procurer plus de plaisir que de dépenser 500 $ pour une nouvelle garde-robe. En effet, aider autrui procure un sentiment d'accomplissement, de responsabilité, de développement personnel et de reconnaissance. Bref, il en résulte une fierté que l'argent, même s'il y en a beaucoup en jeu, ne suscitera jamais.

Découvrir ce que nous voulons vraiment est sans doute l'une des tâches les plus difficiles que nous ayons à accomplir dans la vie. Mais si la plupart d'entre nous ne savent pas ce qu'ils veulent, c'est faute d'avoir pris la peine de s'interroger à ce sujet. Très souvent, nous préférons définir nos aspirations et notre réussite en fonction des attentes des autres : **nous prenons les désirs des autres pour *nos* désirs.** En effet, la norme sociale a pris le pas sur les besoins individuels : notre famille nous dicte nos désirs, nos amis nous dictent nos désirs, les agents de voyage et les annonceurs publicitaires nous dictent nos désirs. Toute la société nous dicte à tel point nos désirs que nous perdons complètement de vue ce que *nous* nous désirons !

Une histoire de voyage

Monique et Michel exercent des métiers non seulement très stressants mais assez accaparants. Ils ne veulent ni miser toute leur vie sur la carrière ni passer leur vie au travail. Mais ce qu'ils ne veulent surtout pas, c'est perdre la motivation et la satisfaction découlant de ce qu'ils font.

Depuis un certain temps, ils se questionnent sur la manière d'établir un bon rapport entre qualité de vie et satisfaction au travail, de mieux répartir temps de travail et de loisir. Pour des parents qui doivent, en plus d'assumer leurs responsabilités professionnelles, prendre soin de deux jolies fillettes de sept et huit ans, il n'est pas facile de trouver une réponse satisfaisante à cette question. Que faire ?

Pour découvrir ce qu'ils voulaient vraiment, Monique et Michel ont tout d'abord noté pêle-mêle sur une feuille les loisirs qui pourraient les satisfaire. Par la suite, ils ont réfléchi à ces activités répertoriées en se demandant si les désirs de l'un était satisfaisants pour l'autre. C'est ainsi qu'ils ont découvert l'activité qui leur donnerait le plus de satisfaction : faire un voyage d'une durée maximale de sept jours, trois ou quatre fois par an, en dehors de leurs deux semaines de vacances annuelles.

Le désir est capricieux, et cela complique encore les choses. Des besoins cachés le façonnent, des forces mystérieuses le transforment. Bien souvent, quand nous obtenons l'objet de notre désir, **nous n'en voulons plus**.

En fait, en analysant les activités de votre budget par activités, vous vous apercevrez certainement que vos habitudes en matière de consommation sont en quelque sorte dictées par une multitude d'éléments extérieurs qui ne correspondent pas nécessairement à vos désirs réels.

Voici venu le moment d'aborder l'étape au cours de laquelle vous allez **qualifier** vos activités en tenant compte des principes de la théorie de Frederick Herzberg. Cela vous permettra d'obtenir un portrait fidèle de votre façon de dépenser et de reconnaître vos besoins réels.

6.2   Les 2 questions qui transformeront votre vie

À partir d'aujourd'hui, analysez les dépenses à partir de deux grandes questions :

Cette activité m'apporte-t-elle une satisfaction proportionnelle au montant d'argent dépensé ?

Dans quelle mesure le montant dépensé pour me livrer à cette activité est-il en accord avec mes valeurs et mes buts ?

Vous devrez répondre à ces deux questions pour chacune des activités de votre budget par activités. Il vous faudra donc reprendre le budget par activités que vous avez établi à la fin du chapitre précédent. Vos réponses à ces questions vous serviront de base pour évaluer la façon dont vous dépensez votre argent.

6.2.1   Question 1 : « Cette activité m'apporte-t-elle une satisfaction proportionnelle au montant d'argent dépensé ? »

Répondre à cette question vous aidera à évaluer les dépenses liées aux six activités quotidiennes (voir les activités du processus familial : « Se loger », « Se nourrir », etc.). Pour chaque activité, procédez de la façon suivante[7] : si l'activité considérée vous procure une telle satisfaction que vous seriez prêt à augmenter les dépenses qu'elle entraîne, inscrivez un « + » dans la case correspondante. Toutefois, si elle vous procure peu de satisfaction ou ne vous en apporte aucune, inscrivez un « – ». Et si vous estimez que les choses sont bien telles quelles, mettez un 0 dans la colonne « Neutre ».

Évaluation de ma satisfaction

Mes activités	+	−	Neutre

En effectuant cet exercice tout simple, vous pourrez voir à quelle(s) activité(s) se rapportent vos dépenses systématiques, voire compulsives. Peut-être pourrez-vous découvrir aussi vos points faibles et vos manies. Au début, vous aurez sans doute tendance à essayer de justifier vos dépenses excessives : « Oui, je sais que j'ai beaucoup de chaussures, mais j'adore les chaussures, et puis chaque paire a une fonction bien précise. De toute façon, c'est mon argent, alors... »

Rassurez-vous, personne ne vous jugera ni ne vous pointera du doigt. Devant cet exercice solitaire, qui réclame la plus grande honnêteté intellectuelle de votre part, vous serez le seul juge de vos actes. Avec le temps, au vu des sommes que vous dépensez pour vous offrir, par exemple, des chaussures, vous finirez peut-être par ne plus considérer votre « collection » comme un plaisir, mais comme un **fardeau**.

À l'inverse, vous pourriez aussi découvrir que vous vous êtes montré trop parcimonieux à l'égard de certaines activités qui vous procurent une réelle satisfaction. Prenez-en bonne note et mettez un + dans la colonne « + » vis-à-vis des activités pour lesquelles vous ne dépensez pas assez.

Au cours de cet exercice, monsieur et madame Dion s'aperçoivent que leur seconde voiture (auto 2) n'a pas une utilité proportionnelle à la somme d'argent versée pour la garder : les coûts autres que ceux liés à l'essence s'élèvent à 1 000 $, alors que le kilométrage est relativement minime. Une seule voiture pourrait leur suffire. Ils sont conscients que le fait de se séparer de leur vieille auto revient à restreindre leur liberté de mouvement, mais ils pensent que les avantages seront plus grands que les inconvénients. De ce fait, ils sont plus motivés à se départir de leur seconde voiture qu'à la conserver. À l'activité « Se déplacer – Auto 2 », madame et monsieur Dion inscrivent donc un gros signe « – ».

Pour évaluer les dépenses notées dans le budget par activités, il faut reprendre toutes les activités inscrites dans le budget et les placer dans le tableau « Qualification des activités » présenté ci-dessous. Ce tableau comporte quatre cellules, qui correspondent à autant de listes :

- La liste des activités à réduire ou à éliminer.

- La liste des activités à éliminer, ou à conserver si elles correspondent à l'une de nos valeurs.

- La liste des activités à maintenir telles quelles.

- La liste des activités à améliorer substantiellement.

Pour savoir dans quelle cellule placer une activité donnée, il suffit de considérer son coût et le degré de satisfaction généré par cette activité.

La qualification des activités

Élevés

Coûts

Réduire ou éliminer

Maintenir telles quelles

Éliminer ou conserver
(selon échelle de valeurs)

Améliorer
substantiellement

Faibles

Faible ◄─────── Satisfaction ───────► Élevée

Déterminer son degré de satisfaction

Après avoir rempli le tableau qui précède, vous vous apercevrez peut-être que vous avez rarement évalué votre degré de satisfaction en toute liberté. Vous l'avez souvent estimé selon les valeurs, les centres d'intérêt et les activités caractéristiques du milieu professionnel et social auquel vous appartenez, ou en fonction des valeurs mises en relief dans la publicité afin de vous inciter à acheter. Bref, en fonction de votre style de vie.

Le style de vie

Quel est mon style de vie ? Au chapitre précédent, nous avons défini ce qu'était un style de vie. Cependant, quand il désigne un mode de vie commun à un grand nombre de personnes, il est un peu une caricature, car on ne peut réduire l'être humain à un schéma. Dans son livre *Styles de vie : cartes et portraits*[8], Bernard Cathelat présente les styles de vie sous la forme de portraits. Le tableau de la page suivante résume ces descriptions, qui montrent la diversité des styles de vie et peuvent nous aider à définir le nôtre.

Pourquoi mon style de vie a-t-il une influence déterminante sur mes activités ? Tout simplement parce que le style de vie conduit à adopter des activités qui, elles, consomment des ressources. C'est la somme des coûts déterminés pour chacune des ressources en rapport avec une activité particulière qui donne la quantité d'argent dépensée dans une année pour cette activité. Si vous êtes attaché aux valeurs traditionnelles axées à la fois sur le travail et la famille, vos activités (et dépenses) sont différentes de celles d'une personne ayant adopté les valeurs du libéralisme économique et centrée essentiellement sur le travail. Selon les études menées par Bernard Cathelat, les personnes attachées aux valeurs traditionnelles font souvent leurs achats par correspondance, alors que celles axées sur le travail sont enclines à faire des achats impulsifs au centre commercial pendant leur heure de lunch.

Le tableau suivant présente différents styles de vie assez courants dans la société nord-américaine.

Les socio-styles de Bernard Cathelat

Style de vie	Caractéristiques	Habitudes en matière d'achat
Conservateur	• Personne âgée et ayant des revenus modestes. • Style de vie isolationniste, immobile et enraciné dans le terroir d'origine. • Résiste aux innovations technologiques.	• Fidèle aux petits commerces de quartier. • Consomme peu de loisirs.
Entreprenant	• Plus motivé par le pouvoir que par la richesse. • Bourreau de travail, meneur.	• Enclin aux achats impulsifs. • Recherche, dans la mode, les messages qui valorisent l'image de soi et suscitent l'admiration.
Profiteur	• Jeune cadre très aisé et cultivé, vivant dans une grande ville. • Attiré à la fois par les modes culturelles sans cesse renouvelées et par les sports favorisant le narcissisme. • Style de vie organisé autour des loisirs et des voyages.	• Aime l'ambiance des centres commerciaux et des grands magasins où la mode et le luxe sont à l'honneur.
Frimeur	• Jeune d'origine sociale très modeste. • Orienté vers l'évasion, la recherche du fantastique imaginaire. • Aime les jeux électroniques.	• Aime les marchés aux puces et les boutiques de bibelots. • Dépense son argent en consommation d'évasion, mais rêve d'avoirs et de biens durables.
Responsable	• Orienté vers la gestion rigoureuse d'un capital familial, humain (éducation des enfants), matériel (équipement de confort pour le foyer), et financier (placements). • Recherche de protection contre tous les risques possibles et de responsabilités grâce à un statut de notable local.	• Se valorise en achetant en grandes quantités pour obtenir des prix avantageux chez les commerçants locaux et dans les grandes surfaces. • Court les escomptes et les ventes à prix réduit.
Libertaire	• Jeune professionnel vivant dans une ville. • Sous-consomme tout ce qui symbolise la tradition. • Dépense sans compter dans les voyages et la culture. • Mode de vie instable.	• Recherche les aubaines en dehors des circuits commerciaux traditionnels. • Aime les marchés aux puces.
Militant	• Jeune ouvrier ou employé vivant en ville et de tendance politique radicale. • Mode de vie partagé entre le militantisme, sur les lieux de travail, et les loisirs utiles, à la maison.	• Achète souvent dans les hypermarchés ou chez les grands spécialistes, mais après avoir fait du lèche-vitrines en ville.

(Source : Bernard Cathelat, *Syles de vie : cartes et portraits,* Paris, Les Éditions d'Organisation, 1985.)

Il se pourrait que vous ne vous reconnaissiez dans aucune de ces descriptions, car il s'agit là de portraits dont la nature un peu caricaturale est exigée par la classification; dans la réalité, tout n'est pas blanc ou noir. Ces styles de vie ne constituent que des repères. Choisissez donc celui qui semble le mieux correspondre à ce que vous êtes sans y attacher une importance démesurée.

6.2.2 Question 2 : « Dans quelle mesure le montant dépensé pour me livrer à cette activité est-il en accord avec mes valeurs et mes buts ? »

Comme vous l'avez fait pour la première question, évaluez chacune de vos activités. Ici, il s'agit de les confronter avec votre échelle de valeurs. Pour chacune de vos activités, procédez comme pour la première question : si l'activité est en conformité avec ce en quoi vous croyez vraiment, mettez un « + » dans la case correspondante; sinon, mettez un « - ». Si vous estimez qu'elle n'est ni vraiment en accord ni vraiment en désaccord avec vos valeurs, mettez un 0 dans la case « Neutre ».

Évaluation de mes choix en fonction de mes valeurs

Mes activités	+	–	Neutre

Le fait d'analyser vos choix financiers sous cet angle vous aidera à clarifier votre degré de satisfaction en fonction de vos valeurs et de vos buts. Il se pourrait aussi que cet exercice vous paraisse inutile, car bien des personnes ne manquant de rien ne nourrissent aucun rêve. Qu'en est-il pour vous ? Vos valeurs et vos buts sont-ils clairement définis ou très nébuleux, masqués par un style de vie que vous ne contrôlez pas ?

Les valeurs

Les membres d'une classe sociale donnée possèdent des valeurs et des styles de vie semblables. Grosso modo, ils dépensent leur argent de la même façon, ils recherchent le même genre de biens matériels pour témoigner de leur position sociale et ils ont recours aux mêmes critères pour évaluer leurs performances. Ils partagent aussi la même vision de la vie, définissent les frontières de leur environnement de la même manière et ont une même conception de la réussite. Bref, leurs conduites et opinions sont **stéréotypées.**

Commençons donc par nous interroger sur nos valeurs. Les valeurs sont des principes auxquels nous attachons une grande importance et qui contribuent à notre sentiment de bien-être. Les valeurs peuvent être considérées comme des croyances sur lesquelles reposent nos décisions. Fondées sur notre conception du bien et du mal, elles orientent nos choix. Quand nous choisissons, par exemple, de nourrir, d'habiller et de protéger nos enfants, ce sont nos valeurs fondamentales qui dictent ces choix. Il en va de même quand il s'agit de décider entre aller au bureau, travailler ou passer la journée à flâner dans un parc, nous divertir. Nos valeurs guident aussi la façon dont nous dépensons notre argent.

Notre façon d'agir révèle notre façon de penser. Autrement dit, nos conduites reflètent nos valeurs. Ainsi, l'examen minutieux de vos activités et du coût des ressources qui y sont associées vous fournira une multitude de renseignements sur vos valeurs. Par exemple, demandez-vous à quoi correspond, dans votre système de valeurs, la dépense de 100 $ par semaine en notes de restaurant. En fait, elle peut indiquer différentes choses : que vous appréciez le côté pratique du restaurant, ou que vous aimez la bonne chère, ou encore que vous aimez dîner avec des amis, avec vos collègues, en amoureux, etc.

Faites de même avec ce que représente pour vous l'activité «Jouer au golf», «Faire du ski»... Peut-être vous sentirez-vous à l'aise avec la plupart de vos dépenses et en remettrez très peu en cause. Dépenser 400 $ par mois au restaurant pourra vous sembler chose normale, jusqu'au moment où vous vous apercevrez que certains mois, vous ne consacrez pas plus de quelques heures à l'un de vos enfants ou à la famille. Comme c'est le cas pour bien des gens, vos dépenses ne reflètent pas nécessairement les valeurs qui vous tiennent vraiment à cœur. Les totaux obtenus pour certaines de vos activités sont peut-être le signe que l'habitude, la pression sociale ou l'ennui ont eu raison de vous.

En conclusion, il ne sera pas inutile de déterminer vos valeurs. Notez-les en vrac sur une feuille, puis placez-les sur une échelle allant du «–» vers le «+»; la moins importante se trouvera en bas de l'échelle et la plus importante, en haut.

Les buts

Après nous être penchés sur nos valeurs, il convient de nous intéresser aux **buts** que nous nous sommes fixés. Certaines personnes ont un but précis dans la vie : exercer un métier qu'elles aiment ou fonder une famille, par exemple. Mais pour d'autres personnes, les choses sont mois claires, et nombreuses sont celles qui errent comme des âmes en peine à la recherche d'un but. D'une part, un but est ce qui sous-tend chacune de nos activités. Aller au restaurant, par exemple, est une activité relativement anodine, mais quel en est le véritable motif ? Y allons-nous pour assouvir notre faim, pour combler notre désir de reconnaissance sociale ou pour faire le plein d'énergie avant de retourner au travail ? D'autre part, un but est la signification que nous attribuons à nos actes. Pour illustrer ce fait, nous avons choisi de vous raconter une histoire.

Question de point de vue

Trois tailleurs de pierre s'affairent à ciseler un énorme bloc. Passant par là, un homme s'approche du premier et lui demande : « Pardon, Monsieur, que faites-vous là ?

— Ça ne se voit donc pas ? réplique l'artisan un peu brusquement. Je taille cet énorme morceau de pierre. »

Le curieux s'avance vers le second tailleur et lui pose la même question. Avec un regard mêlé de fierté et de résignation, celui-ci lui répond : « Je gagne ma vie pour nourrir ma femme et mes enfants. »

S'approchant du troisième, le passant lui demande : « Et vous, que faites-vous ?

— Moi, lui dit-il avec un grand sourire, je construis une cathédrale. »

Cette histoire démontre ceci : le sens que nous donnons à nos actes et à nos activités **dépend entièrement de nous.** Comme le premier tailleur de pierre, nous pouvons choisir de ne considérer que l'aspect pratique et concret de nos actions, sans leur assigner quelque signification. Ou, comme le second, nous pouvons nous en tenir au sens attribué aux diverses activités humaines dans notre culture.

Dans la culture nord-américaine, subvenir aux besoins de sa famille est un objectif considéré comme tout à fait valable. Acquérir une formation, se marier et avoir des enfants, créer son entreprise, découvrir un remède contre une maladie, remporter des médailles, etc., le sont aussi. Cependant, nous avons également la possibilité de faire comme le troisième tailleur de pierre, c'est-à-dire donner à nos actions un sens très personnel, qui reflète nos idéaux et témoigne de notre volonté à tendre vers un but qui nous semble noble.

Déterminer son but dans la vie

Pour mieux définir votre but dans la vie, penchez-vous sur les réponses que vous avez apportées aux questions « Cette activité m'apporte-t-elle une satisfaction proportionnelle au montant d'argent dépensé ? » et « Dans quelle mesure le montant dépensé pour me livrer à cette activité est-il en accord avec mes valeurs et mes buts ? » Interrogez-vous également sur **votre existence en général.** Qu'est-ce que vous avez toujours voulu faire et n'avez pas encore fait ? Qu'est-ce qui, au fond, vous procure la plus grande satisfaction ?

Prenez ensuite quelques instants pour formuler votre but et l'inscrire sur une feuille. Si votre objectif premier n'a aucun rapport avec vos activités actuelles ou aucun intérêt aux yeux des membres de votre entourage ou de la société, ne vous tracassez pas outre mesure. Et si vous n'en avez encore qu'une vague idée, essayez tout de même de le définir. Une fois votre but déterminé, utilisez-le comme critère pour évaluer vos activités. Si, au fil du temps, il se modifie ou se précise, vous n'aurez qu'à continuer l'évaluation en fonction de votre nouveau but.

Quel que soit votre but, vous aurez besoin d'un indicateur pour jauger, entre autres, votre activité professionnelle et vérifier que vous êtes sur la bonne voie. Bien souvent, c'est la réussite matérielle et professionnelle ou la reconnaissance des pairs qui servent d'indicateurs. Mais il existe un moyen simple et très fiable de mesurer l'adéquation entre but et style de vie. Il suffit de se poser la fameuse question : « Dans quelle mesure le montant dépensé pour me livrer à cette activité est-il en accord avec mes valeurs et mes buts ? » En y répondant honnêtement, mois après mois, vous parviendrez à découvrir vos propres valeurs et à mener une existence conforme au but que vous vous êtes fixé.

6.3   L'importance de cette réflexion

Cette réflexion sera utile à l'étape finale de la planification budgétaire, exposée au chapitre 8. Ne vous inquiétez surtout pas si votre but dans la vie ou si votre degré de satisfaction ne vous paraît pas encore très clair.

En mettant en pratique ce que nous vous proposons, vous aurez maintes occasions de clarifier les choses. Et en répondant régulièrement aux deux questions de la présente étape, vous finirez par cerner vos valeurs, votre but et votre degré de satisfaction.

Vous êtes maintenant prêt à remplir le tableau « La qualification des activités ». Cet exercice vous aidera à mieux vous connaître, à maîtriser vos dépenses et à améliorer votre situation financière.

Qualification des activités

Grille : axe vertical « Coûts » de Faibles à Élevés ; axe horizontal « Satisfaction » de Faible à Élevée.

EN RÉSUMÉ

Cette étape consiste à analyser les activités de votre budget par activités en fonction des deux grandes questions suivantes :

1. Cette activité m'apporte-t-elle une satisfaction proportionnelle au montant d'argent dépensé ?

2. Dans quelle mesure le montant d'argent dépensé pour me livrer à cette activité est-il en accord avec mes valeurs et mes buts ?

Comment ?

• En prenant conscience de mes désirs, de mes besoins réels et de mon style de vie.

• En répondant avec franchise aux questions qui touchent mes dépenses.

Pourquoi ?

• Cette étape est capitale dans votre démarche vers l'indépendance financière.

• Les deux questions fondamentales qu'elle soulève vous permettront d'analyser vos revenus et vos dépenses en fonction de vos valeurs, de vos buts et de votre degré de satisfaction.

• Cet examen vous aidera à déterminer votre degré de satisfaction et à inclure dans vos activités les facteurs de motivation définis par Herzberg.

Chapitre 7

Cerner le problème... et agir

Maintenant que vous avez rempli le tableau **Qualification des activités** et établi votre budget par activités, vous passez à l'étape la plus difficile de l'exercice budgétaire : déterminer si vous avez un problème d'argent, et agir en conséquence pour le régler. Selon votre situation, vous déciderez peut-être d'augmenter les montants réservés à certaines activités, de les diminuer ou peut-être déciderez-vous de ne rien changer du tout.

7.1   Vous avez un problème d'argent ?

Les difficultés financières ne dépendent absolument pas de la taille du revenu annuel. Tout le monde, même ceux et celles qui gagnent 100 000 $ par année, a des problèmes d'argent. Devant un problème d'argent, la question se résume à ceci : mieux épargner ou mieux dépenser et, dans les deux cas, pour qui et pourquoi ?

Prenez monsieur Dion. Ce dernier se demande comment, avec un budget déficitaire de 2 500 $, il peut espérer dégager une économie de 1 000 $, c'est-à-dire réduire ses dépenses de 3 500 $. Conscient du fait qu'il dépasse chaque année son budget, il a décidé de mettre fin à cette situation épineuse. Pour régler le problème, il devra déterminer **où** et de **quelle manière** effectuer des compressions.

Les parents ont constamment des décisions d'ordre pécuniaire à prendre au sujet de leurs enfants : quels vêtements leur payer, quels aliments leur acheter, quelles vacances et quels loisirs leur offrir, etc. Les couples et les célibataires ont à décider des activités, des sorties, des voyages... qu'ils peuvent se payer. Certains autres choix ayant des répercussions sur les finances, comme ceux de déménager et de changer d'emploi, ne se présentent qu'à l'occasion.

Deux solutions peuvent permettre de résoudre un problème d'argent : la première consiste à **dépenser moins que ce que l'on gagne**, la seconde, **à gagner plus que ce que l'on dépense**. Si vous avez opté pour la réduction des dépenses mais n'avez pas réussi à l'appliquer, demandez-vous pourquoi. Est-ce par manque de volonté ou de rigueur ? Si vous ne trouvez pas de réponse à cette question, rabattez-vous sur la deuxième option, soit de gagner plus que ce que vous dépensez.

De tels problèmes faisant partie intégrante de notre existence, nous les acceptons et nous débrouillons de notre mieux pour les résoudre. Et comme ils se rapportent à des situations auxquelles nous sommes habitués, nous pouvons les prévoir. Ce rapport et cette possibilité sont la raison d'être du budget par activités. Cependant, il faut savoir qu'à court terme, **il est plus impératif et moins difficile de diminuer les dépenses** que d'augmenter les revenus.

7.2   Prendre les décisions qui s'imposent

Quand nous prenons conscience d'un problème, nous ne cherchons pas forcément à le résoudre. Ce peut être par paresse ou par négligence. Alors soyez autocritique. Si vous êtes du genre à vous dire : « Pourquoi changer quoi que ce soit, puisqu'on arrive malgré tout à s'en sortir ? », il y a lieu de vous inquiéter. Ce peut être aussi par crainte du changement. Dans ce cas, on peut avoir le réflexe de dire « Il est trop tard pour changer maintenant » ou encore « Je n'ai pas le temps de m'en occuper ». Enfin, ce peut être en raison d'un manque d'ambition, de dynamisme ou d'intérêt ; l'ennui, vous avez bien dû vous en rendre compte au fil du temps, peut avoir des conséquences désastreuses sur notre existence.

Évidemment, si vous n'avez pas encore pris conscience de l'existence d'un problème, vous ne pourrez appliquer dès aujourd'hui les mesures qui vous permettront de le résoudre ; vous perdrez donc la bataille faute de l'avoir menée. Le résultat sera le même si vous avez conscience de l'existence d'un problème mais ne voulez pas vous en occuper. Vous aurez tout simplement capitulé ! Par ailleurs, si vous ne définissez pas votre problème correctement, vous perdrez du temps à « régler » une affaire qui n'est pas la cause réelle de vos ennuis. C'est pour toutes ces raisons que la définition du problème et la prise de décisions appropriées sont aussi importantes, sinon plus, que tous les calculs effectués dans les chapitres précédents.

Bien entendu, on ne peut jamais être certain de prendre la meilleure décision qui soit, mais on peut s'assurer d'effectuer un bon choix en suivant ces six conseils.

6 conseils pour prendre une bonne décision*

1. *Bien «cadrer» la question.* L'intérêt d'une photo dépend souvent du cadrage que l'on choisit. Il en va de même de la qualité d'une décision. Avant de prendre une décision, il est donc essentiel de considérer différents «cadrages».

Dans leur ouvrage *Decision Traps*, Edward Russo et Paul Shoemaker, deux universitaires américains, évoquent le cas d'étudiants et de cadres qui suivent des cours d'administration. Lorsqu'on présente à ces élèves une stratégie d'entreprise comme ayant 70% de chances de réussite, la plupart sont favorables à son adoption. Mais quand on la leur présente comme ayant 30% de risques d'échec, ils la rejettent.

Vous croyez que votre santé financière est en péril? Il vous faudra formuler le problème en des termes qui rendront très clair le choix de la décision à prendre. Vous devrez alors vous demander: «Est-ce qu'en privilégiant la satisfaction immédiate de mes besoins en matière de consommation j'hypothèque ma qualité de vie pour le restant de mes jours?» Une fois le problème ainsi posé, vous serez obligé d'essayer plusieurs «cadrages» avant de prendre une décision.

2. *Rassembler les données nécessaires à une prise de décision éclairée.* Répondre à la question «Que vais-je manger ce matin? Des œufs brouillés ou des œufs au miroir?» n'appelle pas une longue réflexion. En revanche, l'achat d'une maison exige un examen approfondi: Y a-t-il des commerces dans le voisinage? Existe-t-il des écoles à proximité? Des travaux d'isolation ont-ils été effectués? Ai-je constitué le fonds de roulement nécessaire pour me lancer dans ce projet?

---

* Extrait autorisé de: «Six conseils pour prendre la bonne direction», paru dans *Sélection du Reader's Digest en* juin 1990. © Richard et Joyce Wolkomir

Avant de prendre une décision importante, rassemblez toutes les données dont vous avez besoin pour effectuer un choix éclairé. On a trop souvent tendance à décider en n'utilisant que les informations facilement accessibles. Et, parfois même, en négligeant volontairement certains faits. Comme l'explique Gerald Zalman, professeur à l'Université de Pittsburgh, « inconsciemment, nous ignorons les informations qui pourraient s'opposer à un projet ».

3. *Chercher plusieurs solutions.* Un problème a souvent plusieurs solutions, qui ne sont pas toujours évidentes. Il vous faudra donc faire appel à votre imagination. Vous vous demandez, par exemple, si vous allez partir en vacances alors que vous venez de faire une grosse dépense : les réponses évidentes sont oui ou non. Mais il y a d'autres possibilités, comme un voyage de quelques jours seulement.

4. *Faire confiance à son intuition.* Une intuition est une idée dont nous ne pouvons être sûrs de la justesse et que nous ne pouvons prouver. Ainsi, nous ne pouvons fonder nos décisions sur nos seules intuitions. Nous risquerions d'interpréter les faits de façon biaisée, pour qu'ils aillent dans le sens que nous voulons. Il ne faut pas confondre « suivre son intuition » et « prendre ses désirs pour des réalités » !

Au cours d'une étude portant sur 3 500 cadres, Weston Agor, professeur à l'Université du Texas, à El Paso, a découvert que les plus performants étaient ceux qui faisaient confiance à leurs intuitions et les vérifiaient ensuite auprès d'autres sources d'information avant de se décider.

5. *Avancer à petits pas.* Si possible, appliquez vos décisions par étapes. De cette manière, si de nouvelles informations vous

faisaient douter du bien-fondé de votre choix, vous vous en tireriez avec un minimum de pertes.

Soyez souple. Dites-vous bien que revenir sur une décision, ce n'est pas manquer de caractère, **c'est faire preuve de bon sens.** Et ne vous laissez pas entraîner dans le mauvais raisonnement de « l'argent perdu » ; basez vos décisions sur les avantages et les coûts qui peuvent en découler.

Supposons, par exemple, que vous décidiez d'acquérir un voilier de 9 000 $ en location-vente. Vos versements mensuels sont de 300 $. Au bout de six mois, vous en avez assez de la voile. Or, vous avez déjà versé un cinquième du prix d'achat total. Renoncer à l'achat du bateau ne veut pas dire perdre 1 800 $, mais économiser les 7 200 $ qu'il vous restait à payer.

6. *Se fixer une date limite.* Si vous ne vous fixez pas un délai, vous risquez d'hésiter indéfiniment, de ne jamais prendre aucune décision. Parfois, une décision temporaire suffira : vous attendrez d'avoir les informations supplémentaires voulues, ou vous choisirez de continuer ce qui a été commencé. Souvent, nous ne prenons pas de décision par peur de nous tromper. Mais, selon une psychologue, « l'anxiété provoquée par l'indécision est souvent beaucoup plus pénible que le désagrément dû à une erreur ».

7.3 Un dernier conseil pour les cas plus sérieux

Malgré des efforts louables, vous n'êtes pas certain d'avoir mis le doigt sur ce qui cloche avec vos finances ? Pas de panique, il existe d'autres moyens d'y voir plus clair. La meilleure méthode à notre avis : **analyser votre comportement en fonction de vos buts dans la vie.** Par exemple, si vous êtes toujours dans le rouge, quel que soit votre revenu annuel, c'est peut-être parce que vous jetez votre argent par les fenêtres. C'est votre cas ? Vous devez absolument comprendre *pourquoi* l'argent vous brûle les doigts.

Pour ce faire, comparez ce que vous faites avec l'orientation que vous souhaitez donner à votre vie. Cette comparaison vous plongera peut-être dans un certain désarroi, parce qu'elle vous permettra de voir clairement où vous en êtes. Cependant, la méthode est simple : demandez-vous seulement **si vous avez mis le cap sur vos principaux objectifs.**

Cette méthode est comparable à celle que le président Carter a mise en pratique en Géorgie, du temps où il était gouverneur ; il l'a ensuite introduite à Washington une fois élu président[9]. Elle a été baptisée « budget base zéro » et repose sur la prémisse **qu'aucun élément mis en place par le passé ne peut être considéré comme incontestable.**

Ainsi, tous les ans, en Géorgie, les autorités réexaminaient la situation de chaque département et de chaque organisme gouvernemental en vue de déterminer s'il était encore vraiment nécessaire, s'il n'était pas devenu une institution onéreuse, maintenue par habitude et par inertie, ou même pour de sombres raisons politiques. Telle institution était-elle encore productive ? Était-elle efficace ? N'avait-elle pas trop de personnel ou trop de crédits ? Comment pouvait-on l'améliorer, de préférence sans dépenser plus ?

Comme l'affirmait le président, cette méthode « est une recherche permanente de mise à jour des priorités et une élimination permanente des programmes vieillissants, vieillis ou moribonds. » Vous l'appliquerez en vous posant constamment les mêmes questions au sujet de chacune des activités de votre existence : « Quels sont mes désirs et mes besoins ? Quels sont mes buts ? La vie que je mène est-elle en accord avec ces désirs, ces besoins et ces buts ? » Rien n'est trop insignifiant ni trop important pour être réexaminé. Si vous pratiquez une activité particulière, sportive, manuelle, culturelle ou autre, **vérifiez son utilité.** Posez-vous les questions suivantes : Cette activité grève-t-elle mon budget ? Est-elle un obstacle à l'équilibre de mon budget ? Devrais-je la remplacer par une activité moins onéreuse mais tout aussi satisfaisante ?

Partez de l'hypothèse que vous voulez (par exemple, « Je veux me bâtir un capital » ou « Je veux accumuler des épargnes qui me permettront de générer de nouveaux revenus »), puis interrogez-vous sur les moyens d'y arriver.

2 gestes impulsifs à proscrire

1. Considérer uniquement le solde du compte de banque avant d'acheter quelque chose. Trop souvent, nous prenons la décision d'acheter en regardant derrière nous plutôt que devant nous. Il en est ainsi chaque fois que nous faisons un achat en considérant uniquement le solde de notre compte en banque. Nous tenons ce type de raisonnement : « Le solde de mon compte en banque est de 800 $, je peux donc dépenser 100 $ sans problème ». Nous prenons cette décision en oubliant que ces 100 $ devaient servir à payer la facture d'électricité laissée sur le comptoir de la cuisine.

2. Avoir la dégaine rapide avec la carte de débit. La carte de débit est sans contredit un instrument pratique et original mis au point par les institutions financières. Quoi de plus facile que de prendre la décision d'acheter des disques compacts à prix réduit en utilisant sa carte de débit ? Ce type de carte donne la possibilité, très attrayante, de payer comptant sans avoir de l'argent sur soi. Mais lorsqu'il est mal utilisé, cet avantage peut devenir un cauchemar : on peut vider son compte en banque en un éclair.

EN RÉSUMÉ

Vous venez de comprendre qu'il est parfois très difficile de prendre une décision et, surtout, qu'on ne peut jamais être certain d'avoir pris la bonne. Avant de prendre une décision, il est important:

• de cerner le problème qui est à l'origine des difficultés observées;

• d'avoir la volonté de s'occuper de ce problème.

Comment?

En suivant ces six règles:

1. Bien « cadrer » la question ou le problème.

2. Rassembler les données nécessaires à une prise de décision éclairée.

3. Chercher plusieurs solutions.

4. Faire confiance à son intuition.

5. Avancer à petits pas.

6. Se fixer une date limite.

Pourquoi?

• Afin de voir réellement où l'on en est.

• Pour remettre en question certaines activités.

• Afin de cesser de s'enliser dans une voie sans issue.

Chapitre 8

Réexaminer son budget par activités

Vous pouvez maintenant passer à l'action : réviser en profondeur le premier budget par activités que vous avez dressé à la fin du chapitre 5. À la lumière de ce que vous connaissez maintenant sur vos désirs, votre style de vie, vos habitudes sociales et votre niveau de satisfaction, définissez clairement la valeur relative et pécuniaire que vous accordez à chacune de vos activités.

Posez-vous encore une fois les deux questions que nous avons analysées au chapitre 6 :

1. Cette activité m'apporte-t-elle une satisfaction proportionnelle au montant d'argent dépensé ?

2. Dans quelle mesure le montant dépensé pour me livrer à cette activité est-il en accord avec mes valeurs et mes buts ?

Inspirez-vous du « budget base zéro » du président Carter pour réexaminer, l'une après l'autre, toutes les activités de votre budget dans le but de déterminer jusqu'à quel point elles sont nécessaires et d'évaluer le degré de satisfaction que vous en tirez. Est-ce que je maintiens telle activité afin d'impressionner mes voisins ou mes amis ? Quels sont mes buts ?

Pour que ce nouvel examen de votre budget porte fruit, voici les différentes options qui s'offrent à vous :

1. Éliminer certaines activités.

2. Changer vos habitudes.

3. Réduire la fréquence de certaines activités.

4. Réduire la durée de certaines activités.

5. Réduire les dépenses pour certaines activités.

8.1   Option 1 : éliminer certaines activités

Cherchez à savoir si vous avez vraiment besoin d'une seconde voiture. Considérez les économies d'essence, d'huile, d'entretien, de réparations et d'assurances que vous pourriez faire si vous vous en passiez. Êtes-vous prêt à cesser de skier l'hiver prochain ? En dressant votre budget par activités, vous avez constaté que le coût de l'activité « Faire du ski » ne se limite pas au passeport-ski. Cependant, si vous remplacez cette activité par un voyage dans le Sud, vous ne ferez guère d'économies. Encore une fois, soyez honnête avec vous-même.

ACTIVITÉS	RESSOURCES	AVANT	APRÈS	ÉCART
Cesser le ski ou le golf	Ne pas faire de ski	3 126 $	0 $	3 126 $
Vendre la seconde voiture	Avoir une auto seulement	1 300 $	0 $	1 300 $
Gazonner la piscine*	Frais d'entretien en moins	720 $	0 $	720 $

*Remplir la piscine de terre

Madame et monsieur Dion étudient la possibilité de se départir de leur seconde voiture. Ils n'en ont pas vraiment besoin, puisqu'elle ne leur sert essentiellement que de voiture de secours. En outre, après avoir comptabilisé les dépenses pendant un an, ils se sont rendu compte que cette auto apparemment peu dispendieuse leur coûtait en fait une fortune en assurances, en permis et en immatriculation. Ils réalisent qu'en la vendant ils pourraient épargner des centaines de dollars par an avant de devoir remplacer la voiture actuelle. Ils décident donc de s'en départir. Économie : 1 300 $.

8.2   Option 2 : changer ses habitudes

La réussite d'un projet d'épargne nécessite des changements de façons d'agir. Au chapitre 9, nous traiterons en profondeur des changements à apporter dans certaines habitudes. Par exemple, avant de faire l'épicerie, prenez le temps de relever le prix des principaux articles dans les journaux et les circulaires des supermarchés de votre quartier et comparez-les. Certaines personnes diront que, pour bénéficier de ces économies, il faut se déplacer d'un endroit à l'autre, ce qui rend cette solution moins avantageuse. Pour répondre à cet argument, disons qu'il importe de regrouper l'achat des articles les plus courants au moment où ils sont en réduction, afin de limiter les déplacements. Enfin, dressez la liste de vos courses et n'achetez que les produits inscrits, découpez les coupons de réduction et achetez en gros les articles que vous utilisez en quantité, comme les jus, les conserves et les céréales.

Autre changement : utilisez les transports en commun. Financièrement, c'est une solution très avantageuse. Rappelez-vous que vous rendre au travail en automobile n'entraîne pas seulement des frais de stationnement, mais aussi des frais d'essence et d'entretien. Les services fiscaux évaluent les dépenses à 30 cents du kilomètre. Pourquoi ne feriez-vous pas comme eux ?

Famille
DION

ACTIVITÉS	RESSOURCES	AVANT	APRÈS	ÉCART
Se déplacer en autobus et en métro plutôt qu'en voiture	Moins de 4 200 km à 0,25 $	1 050 $		
	Achat carte de métro		620 $	430 $
Apporter son dîner au travail en moyenne 3 fois par semaine	240 repas à 10 $	2 400 $	960 $	1 440 $
	Moins 144 repas à 2,12 $		305 $	(305 $)
			Écart total : 1 265 $	

Dans un souci d'économie et pour surveiller son alimentation, monsieur Dion a décidé de changer ses habitudes et d'apporter son dîner au travail trois fois par semaine, au lieu d'aller manger au restaurant tous les midis. Une économie substantielle de 1 265 $.

8.3   Option 3 : réduire la fréquence de certaines activités

Sans risquer de mener une vie misérable, on peut réduire le nombre de sorties au restaurant, jouer au golf un peu moins souvent et diminuer le nombre de jours de vacances. Essayez de supprimer le restaurant pendant un mois complet, par exemple. Peut-être ne vous en porterez-vous pas plus mal et en profiterez-vous pour cuisiner des plats que vous ne trouvez jamais le temps de faire.

ACTIVITÉS	RESSOURCES	AVANT	APRÈS	ÉCART
Skier moins souvent	8 sorties au lieu de 12	3 126 $	2 084 $	1 041 $
Jouer au golf moins souvent	10 sorties au lieu de 16	1 450 $	906 $	544 $
Réduire le nombre de sorties au restaurant	18 sorties au lieu de 26	1 763 $	1 221 $	542 $

Madame et monsieur Dion sont arrivés à la conclusion que le plaisir de manger au restaurant est plus grand lorsque l'on y va moins souvent. Ils ont décidé d'espacer les sorties au restaurant – de s'offrir ces sorties toutes les 3 semaines au lieu de toutes les 2 semaines –, et de fréquenter des restaurants plus économiques. Ils ont compris qu'il n'est pas nécessaire de dépenser une fortune pour jouir du plaisir d'être réunis autour d'un bon repas. Économie : (26 repas – 18 repas) x 67,81 $ = 542,48 $.

De plus, monsieur Dion a pris la décision d'aller 10 fois au golf, au lieu de 16 fois comme il l'avait prévu au départ. Économie : (16 – 10) x 90,63 $ = 543,78 $.

Quant au ski, monsieur Dion ne retient pas cette option.

8.4   Option 4 : réduire la durée de certaines activités

Diminuez la durée de vos vacances. Si vous éprouvez vraiment le besoin de partir pour vous sentir en vacances, une excursion à quelques kilomètres pourrait combler votre besoin de changer de décor et vous éviterait d'avoir à faire et défaire les valises. Par la même occasion, pourquoi ne pas prendre une semaine de vacances en demeurant à la maison ? Vous passez suffisamment de temps au travail dans le but de payer votre maison ou votre loyer pour prendre le temps d'en profiter pendant une semaine.

ACTIVITÉS	RESSOURCES	AVANT	APRÈS	ÉCART
Réduire la durée des vacances	15 jours au lieu de 21	4 348 $	3 106 $	1 242 $
Etc.				

À première vue, si la famille Dion reportait d'un an son voyage en Floride, elle pourrait équilibrer son budget de la prochaine année. Mais comme ce voyage est prévu depuis deux ans, monsieur Dion a choisi, en accord avec les autres membres de la famille, le juste milieu : ne séjourner en Floride que 15 jours au lieu de 21. Économie : 2 500 $ (hébergement et repas pour 21 jours) − 1 785 $ (pour 15 jours) = 715 $.

8.5   Option 5 : réduire les dépenses pour certaines activités

Optez pour un passe-temps que vous pouvez apprécier sans être obligé de dépenser des sommes folles pour un équipement sophistiqué. Ne suivez surtout pas l'exemple de tous les maniaques de l'équipement. Quand ils se mettent à jouer au golf, ils s'achètent la plus belle série de bâtons sur le marché avant même d'avoir mis les pieds sur le terrain. Même le simple fait de s'engager à faire du jogging plusieurs fois par semaine devient prétexte à un investissement de plusieurs centaines de dollars en chaussures de course, collants, survêtements, bracelet-montre pour prendre le pouls, sans oublier l'indispensable baladeur.

Si votre passe-temps préféré requiert un équipement coûteux, choisissez ce dont vous avez besoin en fonction de votre niveau de compétence dans cette activité. C'est seulement lorsque vous serez certain de votre degré de satisfaction qu'il conviendra de compléter ou de renouveler votre équipement.

ACTIVITÉS	RESSOURCES	AVANT	APRÈS	ÉCART
Réduire le montant d'argent de poche	16 sorties au restaurant au lieu de 26	1 763 $	1 085 $	678 $
Réduire les sommes consacrées aux vacances	À l'hébergement	2 500 $	2 000 $	500 $
Faire du ski en utilisant les forfaits « hors achalandage »	Économie de 12 sorties	3 126 $	2 526 $	600 $

Le passeport-ski d'une saison pour la famille coûte à monsieur Dion 1 800 $, ce qui représente un montant de 150 $ par sortie pour les 12 sorties prévues. En examinant les forfaits d'un jour, monsieur Dion s'aperçoit que s'il choisissait de skier à certaines périodes, le passeport d'un jour coûterait 100 $. Il décide donc que désormais, la famille fera du ski durant les périodes les moins coûteuses. Économie : 12 sorties x 50 $ = 600 $

Parmi les options proposées , monsieur Dion a pris les décisions suivantes :

• apporter son dîner au travail en moyenne 3 fois par semaine (diminution de 1 265 $) ;

• faire du ski en utilisant les forfaits «hors achalandage» (diminution de 600 $) ;

• jouer au golf 10 fois au lieu de 16 fois au cours de la prochaine saison (diminution de 544$) ;

• réduire le nombre de sorties au restaurant de 26 à 18 fois (diminution de 542 $) ;

• se départir de l'auto 2 (diminution de 1 300$).

Il a donc diminué ses dépenses totales de 4 251 $.

Voici donc le budget par activités de la famille Dion après réexamen des activités.

Activités	Montant avant examen	Montant après examen	Écart
Revenus nets (après impôts)	42 000 $	42 000 $	
Se loger	12 060 $	12 060 $	0 $
Se nourrir	7 997 $	7 997 $	0 $
Se former	3 260 $	3 260 $	0 $
Travailler	7 144 $	5 879 $	1 265 $
Skier	3 126 $	2 526 $	600 $
Jouer au golf	1 450 $	906 $	544 $
Partir en vacances	4 348 $	4 348 $	0 $
Se baigner	720 $	720 $	0 $
Sortir	1 763 $	1 221 $	542 $
Frais divers*	2 632 $	1 332 $	1 300 $
Grand total	44 500 $	40 249 $	4 251 $
	Revenus	**Dépenses**	
Déficit avant examen	42 000 $	44 500 $	- 2500 $
Surplus après examen	42 000 $	40 249 $	1 751 $

*Vente de l'auto 2

Après avoir choisi parmi les diverses options que lui offrait le budget par activités, monsieur Dion a réussi à équilibrer le budget familial et même à dégager un surplus de 1 465 $ sans effectuer des compressions draconiennes dans les activités de la famille.

Nous vous avons présenté quelques options grâce auxquelles vous pourrez réduire vos dépenses sans vous priver totalement d'une activité que vous aimez.

À présent, vous pouvez donc reprendre le budget par activités que vous avez établi à la fin du chapitre 5 et faire comme monsieur Dion : apporter les changements que vous pensez être en mesure d'appliquer pour équilibrer votre budget.

Mon budget réexaminé

Activités	Montant		Écart
	avant (données chapitre 5)	après	

Mon nouveau budget

ACTIVITÉS	RESSOURCES	COÛT	INDUCTEURS Volume	COÛT UNITAIRE
	Total			
	Total			
	Total			
	Total			
Grand total				

EN RÉSUMÉ

Le budget par activités, fondé sur le principe que le style de vie est ponctué d'activités, lesquelles consomment les ressources financières, implique la gestion des activités. C'est en appliquant cette méthode de gestion que l'on peut maîtriser ses dépenses.

Comment?

• Tenez compte de vos habitudes en matière de consommation.

• N'hésitez pas à changer vos façons de faire.

• Réduisez la fréquence de certaines activités.

• Éliminez, au besoin, certaines activités.

Pourquoi?

• L'argent que vous dépensez, c'est l'argent que vous avez durement gagné.

• La qualité de vie ne va pas de pair avec le niveau de vie.

• Une bonne santé financière apporte une meilleure qualité de vie.

Chapitre 9

Épargner
sans tout sacrifier

Nous n'avons plus à faire la démonstration que dans la maîtrise de l'endettement, l'épargne est une priorité. Mais il est bon de rappeler que, avant de se lancer dans un projet d'épargne, il faut être conscient de ses avantages à plus ou moins long terme. Car il est difficile d'épargner quand on n'a pas un véritable motif pour le faire.

Pour y arriver, il faut que tôt ou tard les fruits de l'épargne soient d'abord utilisés pour éliminer les dettes, ensuite pour acheter un produit désiré. En réorganisant votre budget par activités, vous avez pris conscience que la réussite d'un projet d'épargne nécessite certains changements sur le plan comportemental et le respect de certaines règles, deux points dont nous allons traiter dans ce chapitre.

En le parcourant, rappelez-vous qu'il ne s'agit que de suggestions auxquelles vous pouvez vous référer régulièrement. Ces suggestions, tirées du livre *Votre vie ou votre argent ?*[10], de Joseph R. Dominguez et Vicki Robin, nous sont apparues comme indispensables pour qui veut démarrer un projet d'épargne.

9.1   Cesser de chercher à impressionner les autres

Il est inutile de chercher à impressionner les autres. L'ami, le voisin et la belle-sœur sont sans doute tellement occupés à essayer de vous impressionner que, dans le meilleur des cas, ils ne remarqueront même pas vos efforts. Dans le pire des cas, ils vous en voudront d'avoir mieux réussi qu'eux.

Quand, en 1899, Thornstein Veblen publie son livre *The Theory of the Leisure Class* (*La théorie de la classe de loisir*), l'événement fait peu de bruit, mais l'expression inventée par l'auteur, «*conspicuous consumption*», traduite par «consommation ostentatoire», va néanmoins marquer notre culture. Dans la préface de l'ouvrage, l'écrivain et chroniqueur Stuart Chase résume la théorie de Veblen de la façon suivante :

«Aujourd'hui, comme hier, les personnes qui ont plus qu'il ne faut n'emploient généralement pas à bon escient le surplus que la société leur a offert. Elles ne cherchent pas à améliorer leur existence, à vivre de manière plus sage et plus intelligente, mais à impressionner les autres avec leur surplus... Elles dépensent inutilement leur argent, leur temps et leurs efforts dans le seul plaisir de gonfler leur ego.»

Toutefois, ce n'est pas parce que la «consommation ostentatoire» est une aberration fréquente chez les êtres humains, indépendamment de la culture et de l'époque, que vous devez suivre le courant.

Si vous cessez de chercher à impressionner les autres, vous pourrez économiser des centaines, voire des milliers de dollars.

9.2 10 bonnes façons d'épargner

Il existe une foule de façons d'épargner. Les ouvrages de finances personnelles regorgent de suggestions à ce sujet. Nous vous proposons les 10 façons préconisées par Dominguez et Robin, que nous considérons comme les meilleures.

1. Renoncer à courir les magasins

Si vous arrêtez de courir les boutiques, vous ne dépenserez plus d'argent. C'est l'évidence même. Bien sûr, si vous avez réellement besoin de quelque chose, allez l'acheter, mais surtout, évitez d'aller dans les magasins uniquement pour le plaisir de faire du lèche-vitrines. D'après Carolyn Weston, auteur du livre *Women Who Shop Too Much*, 59 millions d'Américains sont des « *accros* du magasinage ou de la dépense ». Nul besoin d'une enquête pour affirmer que les Canadiens ont les mêmes habitudes que les Américains en matière d'achat. Environ 53 % des achats effectués dans un magasin d'alimentation ou dans une boutique de linge sont des achats compulsifs. Lors d'un sondage réalisé dans des centres commerciaux, on a demandé à 34 300 personnes dans quel but elles étaient venues au centre commercial; seulement 25 % d'entre elles ont répondu qu'elles étaient venues dans le but d'acheter un article précis. On estime qu'approximativement 70 % de la population adulte se rend chaque semaine dans un centre commercial.

Le magasinage est en effet l'un des passe-temps favoris des Américains et des Canadiens. Au-delà du simple acte d'achat, le magasinage cherche à répondre (mais, de toute évidence, sans succès puisque nous continuons à nous livrer à cette activité) à une foule de besoins : rencontrer les amis, s'occuper, s'offrir une récompense pour un travail bien fait, se changer les idées... mais pas nécessairement pour faire des achats.

Par conséquent, renoncez au magasinage, et dans le même élan, fuyez la publicité ; elle aiguise votre appétit pour des choses que vous ne désirez pas vraiment. Et par pitié, ne contournez pas le problème en regardant les émissions de téléachat (des milliers de dollars sont dépensés chaque semaine par les accros de la télé).

2. Vivre selon ses moyens

Le concept est aujourd'hui si désuet que certains lecteurs ne sauront peut-être même pas ce que veut dire «vivre selon ses moyens». En fait, cela signifie tout simplement de n'acheter que ce que l'on peut se permettre de payer, d'éviter les dettes hormis quand on est sûr de pouvoir les rembourser rapidement ou lorsque l'achat est absolument nécessaire. Il s'agit là d'un style de vie encore prisé par de nombreuses personnes...

Certes, il est très tentant de vivre au-dessus de ses moyens, car on a alors la possibilité d'avoir tout ce que l'on veut tout de suite. Mais il y a le revers de la médaille : tout ce que l'on achète, on le paie très cher en labeur. On achète à crédit, en tombant dans le piège «achetez maintenant, payez plus tard», et on finit par payer l'automobile, la chaîne stéréo ou les vacances trois fois leur prix initial si on ne respecte pas les modalités de remboursement. C'est ainsi qu'un voyage de deux semaines à Acapulco pourrait vous obliger à travailler quatre fois plus l'année suivante. N'allez toutefois pas en conclure qu'il faut jeter toutes vos cartes de crédit à la poubelle ; il s'agit simplement de les utiliser avec plus de discernement.

En 1987, Alfred Malabre, rédacteur de la rubrique économique du *Wall Street Journal*, publie un livre dont le titre est on ne peut plus explicite : *L'Amérique vit au-dessus de ses moyens : dettes, déficits et emprunts menacent de nous écraser*. Dans cet ouvrage, il explique : « En résumé, nous sommes au bout du rouleau et, malgré le savoir des éminents économistes de toutes tendances, nous ne sortirons pas indemnes de l'épreuve qui nous attend. »

Ce qu'il faut savoir... [11]

- Les Québécois, champions canadiens de la faillite, consacrent 92 % de leurs revenus après impôt au remboursement de leurs prêts personnels, de leur hypothèque et de leurs dettes en rapport avec l'emploi de cartes de crédit. Il y a à peine 20 ans, ils y laissaient 60 % de leurs revenus.

- Les taux d'intérêt fixés par les sociétés de financement peuvent varier de 19,5 % à 28,9 %, avec des pointes allant de 32 % à 34 %.

- Au Québec, un consommateur sur cinq n'arrive pas à rembourser le solde de sa carte de crédit dans les délais prévus.

- Le marché du financement au point de vente est en croissance. Dans ce cas, le crédit est consenti au client soit par le vendeur (vente à tempérament), soit par une institution financière (crédit à la consommation).

- Pour éviter des coûts d'intérêt cauchemardesques, il faut lire les clauses du contrat de financement imprimées en petits caractères et poser les bonnes questions au marchand.

- La formule « achetez maintenant, payez plus tard » n'est pas le seul moyen de reporter le paiement d'un achat : certaines institutions financières permettent un remboursement par versements égaux à compter du quatrième mois suivant l'achat d'un bien.

3. Prendre soin de ce que l'on a

Parmi les biens que nous possédons, il y en a certains que nous désirons voir durer : l'automobile, les électroménagers, le canapé, le téléviseur, etc. Or, on peut augmenter considérablement la durée de vie d'une voiture en vidangeant régulièrement l'huile du moteur et en faisant effectuer les révisions périodiques selon les recommandations du fabricant. Et celle d'un réfrigérateur, en époussetant le serpentin. Il n'est pas très grave de négliger un léger mal de tête, il disparaîtra probablement tout seul. Mais ce peut l'être de ne pas accorder d'importance au bruit suspect que fait un moteur ; à la longue, le petit bruit pourrait se transformer en un ennui mécanique très coûteux.

Nombre d'entre nous vivent dans l'excès depuis tant d'années qu'ils ne s'occupent même plus d'entretenir leurs biens ; « je pourrai toujours en acheter d'autres », se disent-ils. Le problème avec cette attitude, c'est, encore une fois, qu'elle coûte cher à tous les niveaux.

4. Utiliser ses biens plus longtemps

Si vous passez en revue tous vos biens, vous vous apercevrez peut-être que, chaque année, vous en renouvelez un certain nombre achetés au cours des deux années précédentes : du matériel électronique, des meubles, des ustensiles de cuisine, des tapis, du linge de maison, etc. Utilisez-vous vraiment toutes ces choses jusqu'au bout ? Songez à l'argent que vous pourriez épargner si vous décidiez de vous en servir ne serait-ce que 20 % plus longtemps. Si vous avez l'habitude de remplacer vos serviettes de bain tous les deux ans, essayez de ne le faire que tous les deux ans et demi ou tous les trois ans. De même, si vous achetez un manteau d'hiver tous les deux ans, voyez si vous ne pourriez pas vous contenter d'un manteau neuf tous les trois ans. Enfin, la prochaine fois que vous vous apprêterez à acheter un objet quelconque, demandez-vous si vous n'en avez pas déjà un en bon état. La mode est trop souvent le moteur «d'achat» qui nous pousse à nous départir d'un bien encore en bon état.

L'épargne comme mode de vie

Cadre dans une grande entreprise, Stéphane brasse des affaires dans le monde entier. Ses revenus élevés (plus de 100 000 $) pourraient expliquer sa facilité à épargner, mais ils n'en sont pas la cause principale. Nous sommes toujours ébahis de voir à quel point l'épargne est pour lui une façon de vivre. Lors d'une visite chez lui, nous avons pris le temps d'observer un peu plus attentivement son ameublement. Nous avons été surpris de constater que le réfrigérateur, le four à micro-ondes et même le téléviseur sont âgés, sans être démodés. Dernièrement, Stéphane a fait réparer son four à micro-ondes vieux de 15 ans. Pourquoi? Parce que la réparation lui coûtait moins cher que d'acheter un four neuf.

5.   Faire soi-même des choses simples

Êtes-vous capable de colmater une fuite, de déboucher les toilettes, de réparer le grille-pain, de changer le pneu de la bicyclette de votre fils, de faire un gâteau, de construire une étagère, de confectionner une robe, d'entretenir votre terrain?

Pour apprendre à faire ces choses simples, vous n'avez que l'embarras du choix: cours du soir, ateliers de formation, livres pratiques et manuels du parfait bricoleur. Chaque minute que vous investirez dans la résolution de petits problèmes courants vous permettra non seulement d'apprendre quelque chose d'utile, mais aussi de réduire vos dépenses.

6. Se montrer prévoyant

En prévoyant vos achats suffisamment à l'avance, vous pourriez faire des économies considérables. En achetant notamment les articles dont vous avez besoin lorsqu'ils sont bradés, vous pourriez économiser de 20 % à 50 % du prix de vente courant. Alors, consultez régulièrement les catalogues et les circulaires, lisez les petites annonces dans les journaux du dimanche, et surveillez les soldes de fin de saison (en janvier et en août, par exemple) ainsi que les liquidations.

En outre, anticiper vos besoins vous permettra de mettre un terme à la plus grande des menaces : l'achat compulsif. Si vous ne prévoyez pas avoir besoin d'un certain article en quittant la maison à 3 h 05, il y a de fortes chances pour que vous n'en ayez toujours pas besoin à 3 h 10, lorsque vous traverserez le rayon des gadgets du magasin du coin. Ne vous méprenez pas sur nos propos : nous ne vous invitons pas à acheter uniquement ce qui se trouve sur votre liste d'épicerie par exemple (quoique cela pourrait être une bonne idée si vous êtes un acheteur compulsif) ; nous vous conseillons seulement de faire preuve d'honnêteté envers vous-même.

7. Rechercher utilité, qualité, durabilité et polyvalence

Réfléchissez et renseignez-vous avant d'acheter. Des publications telles que *Protégez-vous,* publiée par l'Office de la protection du consommateur, offrent d'excellentes évaluations et comparaisons pour un grand nombre de produits. Avant de vous précipiter sur le premier produit venu, prenez le temps de réfléchir aux caractéristiques les plus importantes à vos yeux. N'achetez pas systématiquement l'article le moins cher parce que vous pensez réaliser ainsi des économies, ni le plus cher parce que vous le croyez supérieur aux autres en raison de son prix élevé. La durabilité peut être un critère important si vous envisagez utiliser le produit tous les jours pendant 20 ans. En fait, vous aurez plus intérêt à dépenser 40 $ pour un outil qui durera 10 ans que de dépenser 30 $ pour un outil que vous devrez remplacer dans 5 ans ; au bout du compte, vous aurez économisé 20 $. De même, mettre 10 $ dans un article qui remplit les fonctions de 4 articles à 5 $ se traduira par une économie de 10 $.

Outre la consultation de magazines destinés aux consommateurs, l'examen attentif des produits vous permettra de juger de leur qualité. Avant d'acheter un vêtement, par exemple, vérifiez si les coutures sont solides, si les ourlets sont bien faits, si le tissu est de bonne qualité et s'il est lavable (ce qui vous évitera de payer le nettoyage à sec). Suivez le même type de démarche avant n'importe quel achat. Au bout d'un certain temps, vous serez un véritable expert en analyse de la qualité. Au simple toucher, vous serez capable de dire si un vêtement survivra à plusieurs lavages ou s'il se déformera au bout d'une semaine. Par contre, l'achat d'un vêtement « griffé » pour un enfant n'est pas nécessairement une bonne solution, comme celui d'un vêtement excessivement durable pour un jeune en pleine période de croissance l'est très rarement.

8. Trouver les véritables aubaines

Il existe de multiples recettes pour faire de bonnes affaires. Mais il existe aussi le « piège des aubaines ». Combien de fois vous est-il arrivé d'être sûr d'avoir flairé l'affaire du siècle ? Un jour, c'est la voiture sport usagée offerte à un prix ridicule, un autre, c'est la maison de rêve liquidée à un prix inférieur à celui de l'évaluation municipale.

Cette situation nous rappelle celle de Paul lorsqu'il s'est acheté une maison jumelée. Chacune des parties occupait une surface habitable égale à celle de deux maisons familiales. Paul avait acheté cette demeure en cours de construction à une institution financière qui l'avait reprise à la suite de la faillite de l'entrepreneur. La construction était assez avancée pour que Paul, son frère et sa conjointe décident de diriger eux-mêmes la fin des travaux.

Évidemment, le prix de vente était très intéressant, mais le coût des finitions s'est vite révélé bien supérieur à celui prévu. La belle occasion est tout aussi rapidement devenue une situation sans issue : les trois « apprentis entrepreneurs » avaient presque englouti toutes leurs économies dans cette affaire. Finalement, ils ont réussi tant bien que mal à terminer la construction et à vendre le tout à perte.

Néanmoins, il existe bel et bien des aubaines à saisir. Voici quelques recettes qui vous aideront à « trouver l'aubaine » :

- *Les chaînes de magasins à escompte.* Un produit acheté dans le « meilleur magasin en ville » n'est pas nécessairement de qualité supérieure à son équivalent proposé dans un magasin à escompte. Les magasins à escompte et les magasins-entrepôts vendent souvent des produits de marque d'excellente qualité à des prix très avantageux. Cependant, pour repérer les véritables aubaines, vous devrez bien entendu avoir une petite idée des prix affichés dans différents magasins. Plusieurs raisons peuvent expliquer un prix nettement inférieur : la faiblesse de la marge de profits, la nécessité de liquider le stock rapidement, des soldes de fin de séries et l'utilisation de l'article comme « produit d'appel » (produit vendu à prix coûtant, ou même à perte, afin d'attirer les clients).

- *La comparaison des prix par téléphone.* Où faites-vous vos achats et comment choisissez-vous vos magasins préférés? Allez-vous toujours dans les mêmes boutiques, au centre commercial le plus proche de votre domicile ou dans les commerces que fréquentent vos amis? Quelles que soient vos habitudes, vous auriez sans doute intérêt à prendre exemple sur les acheteurs professionnels. Ces derniers préfèrent magasiner par téléphone. Une fois qu'ils savent exactement ce qu'ils recherchent, ils téléphonent un peu partout en quête du meilleur prix. Évidemment, un sondage de ce genre est plus concluant lorsqu'on connaît bien le produit et qu'on sait précisément ce que l'on veut, y compris la marque ou le modèle. Si vous essayez cette méthode, vous serez assurément étonné de l'éventail des prix demandés pour un même produit. Mais si vous préférez faire affaire avec un commerce ou une entreprise en particulier, vous pouvez fort bien vous renseigner auprès des concurrents pour obtenir la meilleure offre possible, puis demander à votre commerçant s'il est prêt à vous offrir le même prix.

- *Le marchandage.* N'oubliez pas que vous avez toujours la possibilité de demander une remise quand vous payez comptant ou quand vous achetez un article présentant un défaut. Même si les soldes ont pris fin la veille de votre magasinage ou ne commenceront que le lendemain, n'hésitez pas à réclamer le rabais. Vous pouvez même demander un rabais supplémentaire sur des articles déjà bradés. Alors osez, car qui ne risque rien n'a rien! Il n'y a pas de honte à agir ainsi; le marchandage est une pratique qui a été consacrée par l'usage.

Un journaliste du *Wall Street Journal,* qui faisait des recherches dans le but d'écrire un article sur la recrudescence du marchandage observée ces dernières années, s'est livré à une petite expérience dans son quartier de New York. Il a constaté que la majorité des détaillants, des quincailleries aux boutiques d'antiquités en passant par les grands magasins, étaient tout à fait disposés à lui accorder des réductions considérables quand il en faisait la demande. Alors, n'hésitez plus à marchander !

9. Acheter d'occasion

Pensez à reconsidérer votre conduite à l'égard des produits usagés. Si vous êtes un fanatique des friperies ou des ventes de garage, voyez si ce penchant vous conduit à épargner vraiment de l'argent ou à acheter des choses dont vous n'avez pas besoin, uniquement parce qu'elles représentent « de bonnes affaires ». Vêtements, ustensiles de cuisine, meubles, rideaux, on trouve de tout dans les brocantes et dans les marchés aux puces, et ce sont souvent des articles de bonne qualité. Par exemple, dans les marchés aux puces, qui sont ouverts généralement la fin de semaine, vous trouverez des marchands, des colporteurs, des collectionneurs, etc. offrant des produits de toute nature. Mais là encore, vous devez connaître les prix, car vous rencontrerez dans ces marchés d'habiles commerçants prêts à vous vendre outils, vêtements ou bibelots en cristal plus cher que ce que vous les auriez payés dans un centre commercial.

10. Faire un budget par activités

Ce livre a été conçu pour vous aider à atteindre une certaine indépendance financière par la maîtrise de vos dépenses. Comme nous l'avons déjà souligné à plusieurs reprises, vous aurez beau mettre en pratique les bonnes façons d'épargner et les diverses techniques de gestion du crédit, tout cela, bien que fort utile, demeurera finalement assez accessoire tant que vous n'aurez pas établi vos finances sur des bases solides. Autrement dit, votre réussite dépend avant tout de la mise en application, dès aujourd'hui, de l'élément capital d'une saine gestion financière, **le budget.**

9.3 Peut-on encore épargner de nos jours ?

Certaines personnes soutiennent que pour réussir à épargner de nos jours, il est *impératif* d'avoir des revenus supérieurs à la moyenne.

Gagner plus, dépenser plus

Philippe perçoit un salaire supérieur à la moyenne : son revenu annuel brut est de 84 000 $. Il est issu d'une famille modeste et a dû se débrouiller seul pour payer ses études. Depuis le début de sa carrière, ses revenus n'ont cessé d'augmenter. Pourtant, il a toujours été à court d'argent. L'expression « l'argent lui brûle les doigts » lui va comme un gant. À première vue, son train de vie n'est pas extravagant : il ne part jamais en voyage à l'étranger, il ne skie pas, il ne joue pas au golf et il n'a aucunes charges familiales importantes.

Philippe utilise au maximum sa capacité d'emprunt et n'a pas de liquidités dans son fonds de roulement. Depuis 25 ans, il est propriétaire d'une maison dans laquelle il a investi beaucoup d'argent pour des réparations. Heureusement, avec un revenu brut de 84 000 $ par an, il pouvait le faire sans mettre en péril sa situation financière. Par contre, actuellement, il ne dispose d'aucunes autres épargnes que celles placées dans son fonds de pension, auquel contribue également son employeur. En réalité, Philippe ne fait que se rendre prisonnier de son travail : plus il gagne, plus il dépense.

Épargner n'est pas une mission impossible même avec un revenu de 25 000 $ par an. Les problèmes pécuniaires relèvent davantage des valeurs et des besoins que de l'économie à proprement parler. Tout est une question de comportement face à l'argent. Pour le démontrer, nous allons exposer le cas de Monique.

Gagner moins... et épargner quand même

> Monique est divorcée et vit seule depuis cinq ans. Au terme de 17 ans de mariage, elle a quitté le domicile conjugal sans un sou et sans travail. Elle possède quelques meubles, soit le strict minimum pour son logement. Peu après son divorce, elle s'est inscrite à un programme de formation profession-nelle. Aujourd'hui, 5 ans plus tard, avec des gains modestes (en moyenne 25 000 $ par an), Monique a réussi à se cons-tituer un fonds de réserve de 10 000 $. Comment ? Tout sim-plement en mettant en application les « 10 bonnes façons d'épargner » et, surtout, grâce à sa prise de conscience, dès les premières semaines de sa séparation, que l'épargne d'au-jourd'hui représente la clé de son autonomie. Monique n'a à aucun moment vécu dans la misère et elle sait se faire plaisir : pour se rendre au travail, elle marche au lieu de prendre l'au-tobus, afin de se payer de temps à autre un disque ou une sortie au cinéma.

Oui, il est encore possible d'épargner à notre époque, mais à condition de ne pas adhérer à l'idée dominante selon laquelle les mots *épargne* et *budget* sont synonymes de sacrifices, de vie monastique et de platitude. Pour réussir un projet d'épargne, il faut anticiper des plaisirs et des bénéfices plus grands que les priva-tions auxquelles on s'astreint.

EN RÉSUMÉ

On peut épargner sans tout sacrifier en «vivant selon ses moyens», en «cessant de chercher à impressionner les autres» et, surtout, en se préparant à maîtriser ses dépenses de consommation.

Comment?

• Mettre en pratique les 10 bonnes façons d'épargner.

• Prévoir les fruits de l'épargne.

Pourquoi?

• Parce que la clé pour parvenir à une bonne santé financière est l'épargne.

Chapitre 10

Gérer
son crédit

Dans les années 50 et 60, les Québécois empruntaient peu. Pour éviter l'endettement, nos grands-parents s'étaient donné des règles, comme:

• vivre selon ses moyens;

• considérer l'impact d'une dette sur la vie plutôt que les versements à venir;

• épargner dans le but de payer comptant les biens de consommation courante: essence, vêtements, loisirs.

Par la suite, le crédit est devenu un élément capital dans les habitudes de consommation, que ce soit pour l'achat de l'automobile, des meubles ou l'utilisation d'une carte de crédit.

Bien que le crédit se révèle souvent une arme à double tranchant, il est aujourd'hui un facteur essentiel de développement économique. Il favorise le démarrage de petites entreprises, il crée des milliers d'emplois, il permet aux locataires de devenir propriétaires, aux étudiants de terminer leurs études, aux investisseurs de financer certains placements, aux jeunes professionnels d'ouvrir un cabinet... Mais sa mauvaise utilisation peut conduire à un enlisement financier perpétuel.

Pour se prémunir contre l'endettement, il faut avant tout n'emprunter que dans les cas où c'est absolument nécessaire ou avantageux. Dans certaines situations, on ne peut éviter d'avoir recours au crédit. Un bon exemple est celui du financement de la maison. Personne n'aurait l'idée de conseiller à un acheteur d'épargner en vue d'une telle acquisition! L'hypothèque est une nécessité. En outre, pareil emprunt n'est pas considéré comme une dette, parce qu'il est rattaché à une valeur économique. Par ailleurs, il peut être avantageux d'emprunter pour cotiser à un régime enregistré d'épargne-retraite (REER), si cela permet d'obtenir un retour d'impôt plus élevé que les intérêts du prêt.

Ces considérations nous conduisent à vous donner ces quelques recommandations:

- considérez l'impact de toute nouvelle dette sur votre budget annuel;

- n'ayez pas recours au crédit pour les dépenses courantes, comme l'épicerie, l'essence et les sorties au restaurant;

- n'empruntez que si vous pouvez réellement rembourser le capital et les intérêts dans le délai fixé;

- calculez, à la fin de l'année, les intérêts versés sur l'ensemble de vos dettes, cela vous permettra de prendre conscience de ce que vous coûte le crédit.

Chaque fois que vous utilisez une carte de crédit, vous empruntez. Mais si vous payez le solde complet à l'échéance, c'est comme si vous aviez obtenu un financement sans intérêt. Il s'agit là d'un avantage dont vous pourrez profiter si vous veillez à vous servir de vos cartes de crédit de manière judicieuse et rigoureuse. Mais alors, pourquoi les spécialistes sont-ils en général si réticents à l'égard du crédit? Tout simplement parce que trop de gens vivent au-dessus de leurs moyens, dépensent plus qu'ils ne gagnent.

Monsieur Dion veut acheter un mobilier de salon de 2 000 $. N'ayant pas épargné l'argent nécessaire avant de prendre cette décision, il doit emprunter. Il opte pour le financement offert directement par le magasin. Pour l'achat de ce salon, monsieur Dion devra verser 123,83 $ par mois durant 18 mois. À la fin du 18e mois, il aura payé ce mobilier 2 229 $, soit 229 $ de plus que le prix d'achat. À la suite de ce constat, monsieur Dion applique la troisième règle pour prendre une bonne décision, soit « chercher plusieurs solutions ».

En réalité, monsieur Dion paiera encore plus cher que 229 $ d'intérêts. Pour connaître le *coût réel,* il faut aussi tenir compte de l'argent qu'il aurait gagné en épargnant au lieu d'emprunter. Ainsi, au lieu de payer 124 $ par mois pendant 18 mois pour rembourser son emprunt, il n'aurait qu'à déposer 111 $ chaque mois pour amasser les 2 000 $ nécessaires.

Cet argent déposé dans un compte d'épargne stable, en supposant un intérêt de 6,5 %, calculé sur le solde mensuel minimal, versé trimestriellement, rapportera 106 $ en intérêts. La différence entre l'emprunt (avec intérêts de 229 $) et l'épargne de monsieur Dion est donc de 335 $.

Deux questions se posent. D'une part, monsieur Dion peut-il utiliser son ancien salon encore quelques mois ? D'autre part, cela vaut-il vraiment la peine qu'il débourse 335 $ pour jouir de son nouveau salon 18 mois plus tôt ?

C'est ici que les règles et conseils relatifs à la prise de décision (chapitre 7) prennent toute leur importance. Le coût du crédit n'est pas le seul facteur dont monsieur Dion doit tenir compte. Il doit aussi considérer, entre autres, son budget, le prix de meubles comparables et la possibilité de soldes. Son budget lui permet-il une telle dépense ? A-t-il comparé les prix ? Le marchand ne va-t-il pas offrir ce mobilier de salon en solde, peut-être à 1 500 $, dans quelque temps ?

Si vous vous trouvez un jour dans une situation similaire à celle de monsieur Dion et décidez d'emprunter, assurez-vous qu'il s'agit bien d'une véritable aubaine. Car cela ne sert à rien de s'endetter et de payer des intérêts pour « profiter » d'un rabais insignifiant !

10.1 Les cartes de crédit

Les cartes de crédit sont acceptées presque partout, et les formalités en rapport avec leur emploi sont presque inexistantes. Si votre style de vie est proche du style « frimeur » (décrit dans le tableau des socio-styles de Bernard Cathelat, p. 116), vous verrez rapidement cet avantage virer au cauchemar. La satisfaction immédiate de vos besoins en matière de consommation hypothéquera peut-être votre qualité de vie pour le reste de vos jours. C'est si facile de tout mettre sur Visa ou MasterCard. Et si tentant, surtout lorsqu'on est un acheteur impulsif.

L'endettement dès les premières années de la vie professionnelle implique d'assumer les coûts d'intérêt de la dette durant de nombreuses années. Il dépend d'un comportement axé sur la satisfaction immédiate. Or, ce comportement ne se modifie guère avec le temps. Si vous avez toujours tendance à vivre à la limite du surendettement, c'est sûrement en raison de ce type de comportement. Par conséquent, pour améliorer votre situation financière, vous devez **décider de changer de comportement.**

Cercle vicieux

Philippe n'a pas pris le temps, dès le début de sa vie professionnelle, de se doter d'un système de gestion financière simple. Il fait partie des privilégiés qui n'ont jamais manqué de travail et gagnent un salaire supérieur à la moyenne. Philippe a un revenu de 84 000 $ par an, mais il ne sait pas où va son argent et, année après année, il doit emprunter pour payer ses dettes arrivées à échéance. Il est conscient que son style de vie gruge tout son argent. Va-t-il s'en sortir ?

Si vous vous trouvez du côté des utilisateurs qui règlent le solde de leurs cartes de crédit chaque mois, vous ne payez aucun intérêt, donc vous êtes avantagé. Par contre, si vous faites partie de ceux qui n'ouvrent pas les enveloppes semblant contenir une facture ou qui laissent traîner leur courrier sur la commode, vous êtes le grand perdant. En payant des intérêts de 24 %, vous enrichissez les institutions émettrices à vos dépens. Et si vous utilisez des cartes émises par les grands magasins et les sociétés pétrolières, c'est encore pire : depuis 20 ans, leur taux d'intérêt s'élève à 28,7 % en moyenne !

Si vous mettez à profit les 10 bonnes façons d'épargner exposées au chapitre 9, vous pouvez obtenir grâce à vos cartes de crédit un financement gratuit à l'achat de vêtements, d'appareils électroménagers, de mobilier, etc.

Pour ce faire, vous devez satisfaire deux conditions :

• Le montant de votre achat ne doit pas être trop élevé ; idéalement, il devrait être inférieur à 1 000 $.

• Vous devez être disposé, pendant une courte période, à fournir un effort supplémentaire en matière d'épargne.

À l'aide d'un exemple, voyons comment procéder.

Supposons que vous convoitiez un lecteur de DVD dont le prix, incluant les taxes, est de 400 $. Vous avez les moyens de vous payer cet appareil, quel que soit le mode de financement que vous retiendrez.

Normalement, un achat de ce genre doit être noté dans le budget annuel. Vous auriez donc dû inscrire cette dépense dans votre budget par activités, élaboré en début d'année, à l'activité «Se divertir». Mais il n'est pas facile de tout prévoir, bien sûr... Vous revenez d'une soirée chez votre belle-sœur qui vous a démontré la supériorité du lecteur de DVD sur le magnétoscope et vous avez très envie de vous offrir un tel appareil, dont vous n'avez pas prévu le financement dans votre budget.

Pour financer cet achat, vous avez le choix entre plusieurs options :

Si vous avez un compte d'épargne assez bien garni, vous pouvez en retirer le montant voulu et régler la facture sur-le-champ. La formule n'est pas mauvaise, mais elle comporte un inconvénient : elle créera dans vos épargnes un «trou» imprévu, qui sera important si le montant de vos économies n'est pas très élevé.

La deuxième solution consiste à épargner un petit montant par semaine pendant cinq ou six mois, jusqu'à ce que vous ayez atteint la somme nécessaire. C'est une bonne décision, mais elle vous privera de la jouissance de l'appareil durant cette période, ce qui ne vous semble pas très intéressant.

La troisième solution consiste à utiliser «intelligemment» une carte de crédit.

Commencez par prévoir une période d'étalement pour financer votre achat. Par exemple, deux mois (huit semaines). Pour arriver au total de 400 $, cela fait 50 $ par semaine. En mettant de côté 50 $ chaque semaine, vous ne créerez aucun trou dans votre compte d'épargne, vous n'aurez pas besoin de faire financer votre achat et vous pourrez avoir rapidement votre lecteur de DVD, comme vous allez le constater.

Ensuite, prévoyez le moment de l'achat en fonction de la date des états de compte mensuels de votre carte de crédit. Les institutions émettrices envoient en effet ces états à date fixe, souvent entre le 20 et le 25 du mois. Supposons donc que la date de vos états de compte corresponde à une date comprise dans l'avant-dernière semaine du mois. En ce cas, vous devrez passer au magasin dans la dernière semaine du mois, soit juste après la date du relevé mensuel. Vous aurez quand même intérêt à vous accorder une marge de manœuvre de quelques jours. Bref, vous pourrez effectuer la transaction aux alentours du 27 ou du 28 du mois. Vous paierez l'appareil avec votre carte de crédit et l'emporterez aussitôt avec vous.

À la fin du *mois suivant*, vous recevrez votre état de compte, où l'achat de 400 $ sera inscrit. Étant donné que les institutions émettrices accordent généralement un délai de trois semaines pour effectuer les versements, vous pourrez payer votre lecteur de DVD vers le 17 ou le 18 du mois suivant. De cette manière, si vous comptez l'acheter fin avril, vous ne le paierez qu'à la mi-juin !

Pour que tout se passe comme prévu, deux semaines avant de vous rendre au magasin, commencez à déposer 50 $ par semaine. Continuez d'effectuer ce dépôt régulièrement pendant les six semaines suivantes. À la fin de cette période, vous aurez de côté les 400 $ correspondant au montant de l'achat et vous pourrez le régler sans effort.

Résultat de l'opération : vous n'aurez effectué aucune ponction significative dans votre compte d'épargne et vous vous serez fait financer pendant près de deux mois, ce qui vous aura permis de prendre livraison de votre DVD une ou deux semaines seulement après avoir pris la décision de l'acheter. *Coût de l'opération* : un petit effort supplémentaire en matière d'épargne pendant une courte période.

Certes, cette procédure peut paraître fastidieuse. Mais maintenant que vous avez franchi toutes les étapes expliquées jusqu'à présent, en suivant les règles et les conseils donnés, elle fait partie de vos nouvelles habitudes en matière de consommation. Sans vous priver outre mesure, vous avez profité du délai de sept à huit semaines que vous offrait la carte de crédit entre la date de l'achat et celle du paiement. Si vous aviez acheté votre lecteur de DVD sans appliquer la méthode que nous venons de voir, vous auriez soit diminué le montant de votre compte d'épargne, soit remboursé votre carte de crédit par versements à un taux d'intérêt relativement très élevé.

10.2   D'autres instruments de crédit

Si acheter à crédit vous paraît avantageux, sachez qu'il existe d'autres instruments pour ce faire que la carte de crédit. Nous traitons ici brièvement des prêts personnels, des marges de crédit et des contrats de vente à tempérament en nous fondant sur l'approche de Robert Parthenais dans son livre *Maîtriser son endettement*[12].

10.2.1 Les prêts personnels

Les prêts personnels sont offerts dans presque toutes les institutions financières, à des taux d'intérêt variables. Mais pour pouvoir bénéficier d'un prêt personnel, il faut avoir un bon dossier de crédit. Si votre avoir net, votre capacité à rembourser et votre historique de crédit sont bons, vous pouvez négocier le taux d'intérêt avec votre banquier. Par contre, si vous vous adressez à une société de crédit, attention! les taux d'intérêt fixés par les sociétés de crédit frôlent souvent la barre des 25 %, et la dépassent même quelquefois.

10.2.2 Les marges de crédit

La marge de crédit est en quelque sorte un emprunt préautorisé, continu et renouvelé au fur et à mesure que vous effectuez vos versements. Cette forme de crédit doit, elle aussi, être utilisée avec beaucoup de prudence. Si vos revenus nets mensuels sont de 3 000 $ et que vous prélevez 1 000 $ dans votre marge de crédit pour boucler votre budget mensuel, cela signifie, encore une fois, que vous vivez au-dessus de vos moyens. Si, comme salarié, vous utilisez votre marge de crédit pour payer des produits de consommation courante, c'est sans doute que vous avez bien du mal à gérer vos finances personnelles.

10.2.3 Les contrats de vente à tempérament

Les contrats de vente à tempérament sont proposés par les marchands de meubles, d'automobiles, de motoneiges, etc. De plus en plus souvent, ils sont offerts sans intérêt pour des périodes de 12 mois et plus. La majorité de ces contrats sont cédés à des institutions financières ou à des sociétés de crédit. Ils sont avantageux quand on s'acquitte des versements dans les délais fixés. Sinon, le taux d'intérêt appliqué sur le solde à payer est parfois assez « salé ». Par conséquent, avant de signer un contrat de vente à tempérament, vérifiez toujours le taux d'intérêt réel.

10.3   Les 3 questions à se poser avant d'emprunter

Même s'il est généralement préférable de payer comptant, ce n'est pas toujours possible; il faut donc recourir à l'emprunt. Avant de contracter un prêt personnel ou d'utiliser un autre mode de crédit pour effectuer un achat, tout consommateur devrait se poser les trois questions suivantes:

1. Ai-je les moyens d'effectuer cet achat?

2. Cet achat est-il urgent au point qu'il soit nécessaire de le faire maintenant?

3. Mes revenus sont-ils stables?

10.3.1   Ai-je les moyens d'effectuer cet achat?

La question : « Ai-je les moyens de m'offrir telle chose ? » (un cinéma maison, par exemple) se rapporte encore à l'idée qu'il faut « vivre selon ses moyens ». Elle est toujours pertinente, quel que soit le mode de financement choisi. On doit se la poser (et l'examiner) sitôt qu'on envisage un achat important. Comme vu au chapitre 9, vivre selon ses moyens signifie tout simplement n'acheter que ce que l'on peut se permettre, éviter les dettes hormis quand on est sûr de pouvoir les rembourser rapidement ou lorsque l'achat est absolument nécessaire.

Acheter un bien sans évaluer auparavant sa situation financière, ses épargnes et ses revenus, c'est courir le risque de s'embourber, et non sauter sur une occasion d'améliorer son existence. L'endettement excessif découle toujours d'une mauvaise évaluation, ou d'une absence d'évaluation de la capacité de payer.

La faute la plus courante est de surévaluer ses revenus. Si vous gagnez un salaire net de 25 000 $ par an, ne roulez pas en Mercedes! Le seul moyen de rouler en Mercedes, c'est de gagner plus d'argent. En attendant, interdisez-vous les dépenses qui dépassent vos ressources.

Comment savoir si on a les moyens d'effectuer tel ou tel achat?

Pour savoir si vous avez les moyens d'effectuer tel ou tel achat, il existe un instrument extraordinaire : le **budget par activités.** Ce type de budget, où figurent vos revenus et dépenses prévus, vous indique clairement si, oui ou non, vous avez les moyens de faire cette dépense. Vous êtes sur le point d'emprunter une somme importante pour un achat ou pour partir en vacances? Vérifiez d'abord votre budget. Si vous ne l'avez pas encore dressé, c'est le moment ou jamais de vous y mettre. En effet, le crédit est utilisé, faute d'épargne, pour permettre une dépense dépassant les disponibilités dans le cadre d'un budget de 12 mois (les versements sont alors étalés sur 36 mois, par exemple), et on a tout intérêt à mettre les paiements sur l'emprunt en rapport avec la capacité du budget. Par conséquent, pour savoir si vous avez les moyens d'effectuer telle ou telle dépense, il vous faut d'abord connaître cette capacité. Et si vous envisagez un achat important, vous pourrez réaménager vos coûts par activités en fonction de cet achat. Au chapitre 8, vous avez déjà analysé les différentes options possibles pour rééquilibrer votre budget.

10.3.2 Cet achat est-il urgent ?

En maintes situations, vous n'aurez pas le choix : la dépense sera inévitable et devra être faite sur-le-champ ! Dans ces cas-là, si vous ne disposez pas des économies nécessaires pour y faire face, l'emprunt sera la seule solution. La plupart du temps, ces situations découlent de circonstances imprévues : un problème dentaire exigeant une consultation d'urgence chez le dentiste, la transmission de l'automobile qui vient de lâcher et doit être remplacée immédiatement (coût de la réparation : 1 200 $). C'est pour cette raison, entre autres, que vous devez prévoir un coussin d'épargne dans votre budget, surtout si votre automobile prend de l'âge.

10.3.3 Mes revenus sont-ils stables ?

Dernière question : jusqu'à quel point pouvez-vous compter sur des revenus stables ? Cette question est capitale, car, comme beaucoup d'emprunteurs, vous pourriez estimer avoir les moyens de rembourser tel prêt sans problème en vous basant sur vos revenus actuels.

Cependant, êtes-vous certain de conserver le même niveau de revenu pendant toute la période de remboursement ? Avez-vous un emploi stable ? Et votre conjoint ? Certains événements prévus ou prévisibles ne pourraient-ils modifier votre situation financière ? Un conflit de travail, par exemple. Quand les négociations entre le syndicat et l'employeur se déroulent dans un climat tendu, quand le mot « grève » commence à circuler, ce n'est pas le moment de s'engager financièrement. Si la grève est déclenchée, vous aurez besoin de toutes vos ressources pécuniaires pour traverser cette période difficile, mais certainement pas d'un versement mensuel en lien avec votre nouvelle chaîne stéréo !

EN RÉSUMÉ

Lorsque vous ne disposez pas des épargnes nécessaires pour effectuer un achat, vous pouvez toujours envisager de recourir au crédit. Mais avant d'emprunter, vous devez absolument vous poser trois questions :

1. Ai-je les moyens d'effectuer cet achat ?

2. Cet achat est-il urgent ?

3. Mes revenus sont-ils stables ?

Si vous pouvez, de façon réaliste, répondre **oui** à ces trois questions, alors allez-y. Bien entendu, s'il s'agit d'une dépense importante, prenez un peu de temps pour la planifier correctement et évaluer votre capacité financière. Surtout, évitez les achats compulsifs.

Comment ?

• Étudier les différentes formes de crédit possibles.

• Calculer le coût du crédit selon plusieurs hypothèses avant de solliciter un emprunt.

• Comparer les taux d'intérêt, car ils varient d'une institution à l'autre.

• Préparer la demande d'emprunt avant de se présenter à la banque.

Pourquoi ?

• La facilité d'accès au crédit favorise le surendettement.

• Les intérêts payés sur les emprunts ne servent qu'à enrichir les prêteurs.

Le mot de la fin

Le principe sur lequel repose le « budget réinventé » pourrait être formulé ainsi : toutes les ressources financières utilisées quotidiennement dépendent du style de vie, lequel oriente les activités.

D'après les études menées par Bernard Cathelat (dont les socio-styles sont résumés au chapitre 6), si votre style de vie présente toutes les caractéristiques du style « frimeur », il est dirigé vers l'évasion, la recherche du fantastique imaginaire. Vous dépensez votre argent dans les sorties au théâtre et les repas au restaurant avec des amis, alors que vous rêvez d'une maison secondaire à la campagne. Par contre, si votre style de vie s'apparente au style « responsable », l'extrême opposé du style « frimeur », vous gérez le capital familial et humain (éducation des enfants), matériel (équipement de confort à la maison) et financier (placements) avec rigueur, ainsi qu'avec un grand souci de protection contre tous les risques. Vous êtes un consommateur averti qui surveille ses dépenses, dresse sa liste d'épicerie et planifie ses achats à partir de l'examen des circulaires et autres publications commerciales.

Notre recommandation : À la lumière de ce que avez découvert tout au long de votre lecture, prenez le temps d'analyser votre style de vie à l'aide des socio-styles de Bernard Cathelat. N'oubliez pas qu'il oriente votre choix d'activités, lesquelles consomment vos ressources financières. Par conséquent, interrogez-vous sur vos activités et ce qu'elles vous coûtent. Demandez-vous, par exemple, si vos loisirs ne grugent pas une trop grande part de votre budget. Si c'est le cas, il convient de répartir vos loisirs de façon différente. Le moment est venu d'organiser différemment vos vacances et vos loisirs, peut-être en en réduisant la durée et la fréquence.

« Qui paie ses dettes s'enrichit »

Malgré les mises en garde, les appels à la prudence, les incitations à ne pas vivre au-dessus de ses moyens, il y aura toujours des gens qui trouveront le moyen de s'endetter encore et encore… jusqu'au total enlisement financier. Heureusement, il existe un moyen de se « sortir du trou ». Il faut être prêt à fournir les efforts nécessaires et à accepter de faire des sacrifices. De nos jours, personne ne fait de cadeaux !

On peut se trouver en mauvaise posture financière pour diverses raisons. On peut avoir perdu ses revenus à la suite de la fermeture de l'entreprise où l'on travaillait. On peut aussi avoir des revenus tellement faibles que toutes les dépenses se rapportent à l'essentiel (nourriture, logement, vêtements). Pareille situation laisse peu de place à l'épargne, ce qui entraîne une grande vulnérabilité en cas de coup dur.

Que faire si je constate que ma situation financière est désespérée ?

- L'une des premières choses à faire est d'analyser votre situation financière et d'éviter l'affolement. L'angoisse est mauvaise conseillère.

- Prenez aussitôt la décision d'établir un budget. Ensuite, allez-y étape par étape, « lentement mais sûrement ».

- Prenez le temps de préparer votre « budget par activités » en évaluant avec lucidité votre style de vie, vos activités, le coût de ces dernières et vos revenus nets.

- Passez en revue vos habitudes en matière de consommation. Analysez vos activités à la lumière de vos valeurs, de vos buts et de votre degré de satisfaction. Attention aux activités occasionnelles qui grugent votre budget (recevoir les amis, fêtes d'anniversaires, cadeaux).

- Rangez vos cartes de crédit tout au fond d'un tiroir. Et évitez l'endettement.

- Surveillez régulièrement votre pourcentage d'endettement (voir chapitre 3)

Plus le pourcentage de l'endettement par rapport au revenu net est élevé, plus la situation est précaire. À moins d'avoir des revenus nettement supérieurs à la moyenne (et encore...), 30 % d'endettement, c'est excessif.

Bien que chaque cas soit unique, certaines considérations intéressent tout le monde. Notamment celle-ci : l'argent est une réalité difficile à appréhender, une réalité sur laquelle on ne s'attarde pas comme on s'arrête parfois pour observer un coucher de soleil.

Si même après la lecture de ce livre, les mots *épargne* et *budget* sont encore pour vous synonymes de vie monastique, c'est que vous n'êtes pas encore suffisamment sensibilisé à votre situation pour prendre le temps de regarder votre rapport à l'argent. À vos yeux, votre cas n'est pas encore désespéré et vous êtes toujours sur votre erre d'aller. Sans avoir à vous livrer à une étude approfondie de votre situation financière, vous pourrez savoir où vous en êtes en répondant aux questions suivantes :

- Quelle activité pouvez-vous diminuer ? Ou carrément abandonner ? Y a-t-il moyen de suspendre telle ou telle activité (vacances, ski, golf, sorties au restaurant, etc.) jusqu'à ce que votre situation financière soit plus saine ?

- Consacrez-vous trop d'argent à des achats impulsifs et à vos dépenses personnelles ? Aux vêtements, par exemple ?

- Pouvez-vous vendre certains biens dont vous ne vous servirez probablement jamais ?

- Quelle somme d'argent consacrez-vous chaque mois au remboursement de vos dettes ? Vous est-il possible d'augmenter cette somme mensuelle afin d'accélérer le remboursement ? Et à ce rythme, combien de temps vous faudra-t-il pour liquider toutes vos dettes ?

Notre recommandation : Si vous avez pris la résolution de vous libérer de vos dettes, vous pouvez choisir l'une des options suivantes.

- Libérer une dette rapidement et négliger les autres.

- Consolider vos dettes.

- Faire un versement mensuel à chacun de vos créanciers.

1. Libérer une dette rapidement et négliger les autres.

    Avantage : le nombre de dettes diminue progressivement.

    Inconvénient : pendant qu'on se libère d'une dette envers un créancier, les autres créanciers peuvent exercer des pressions et même entamer des poursuites judiciaires.

2. Consolider ses dettes, c'est-à-dire emprunter la somme «totale» de vos dettes et ne faire qu'un versement mensuel à un seul endroit.

    Avantage : on paie toutes les dettes en même temps et on ne fait qu'un seul versement moins élevé que le total de l'ensemble des versements.

    Inconvénient : le risque de contracter de nouvelles dettes est élevé, parce que le fait de n'avoir qu'un seul versement à effectuer peut donner **l'illusion** qu'on n'est pas endetté.

3. Faire un versement mensuel à chacun des créanciers, même si les versements sont minimes (cette option nécessite de conclure une entente avec chacun des créanciers).

Avantage : Toutes les dettes sont payées en même temps.

Inconvénient : La somme des montants fixes peut exiger une importante sortie d'argent mensuellement, ce qui laisse peu de place aux imprévus.

Procédure à suivre pour cette option :

1. Dresser la liste des dettes, en inscrivant le nom des créanciers et les montants dus.

2. Classer par ordre de priorité les dettes qu'on veut payer plus rapidement.

3. Déterminer un montant fixe à verser mensuellement à chacun des créanciers.

4. Établir un échéancier pour chaque dette et s'y référer régulièrement.

5. Suivre cet échéancier à la lettre.

Conditions de réussite :

1. Être rigoureux dans ses versements.

2. Ne jamais sauter un versement, quitte à verser un montant moindre.

3. Toujours garder en tête la date de fin des versements ; cette date est le facteur de motivation nécessaire pour en finir avec les dettes.

Vous avez franchi toutes les étapes de ce livre et effectué tous les exercices proposés. Cependant, la planification d'un budget par activités vous semble encore fastidieuse et toutes les raisons de ne pas «embarquer» sont à vos yeux très valables. En réalité, la tâche n'est pas si compliquée que cela. Et les personnes qui s'y attellent disposent d'un instrument de gestion remarquable.

Si vous avez réussi à acquérir votre indépendance financière en consommant mieux, si vous avez mis de l'ordre dans vos dépenses grâce à une bonne compréhension des concepts propres au budget par activités et si vous avez pris l'habitude d'épargner, alors... ce livre a atteint son but!

Notes

1. DOMINGUEZ, R. Joseph, et Vicki ROBIN. *Votre vie ou votre argent ?*, Paris, Les Éditions Logiques, 1997.

2. DUHAIME, Carole, Michel LAROCHE et Thomas E. MULLER. *Le comportement du consommateur,* 2e édition, Montréal, Gaëtan Morin éditeur, 1996.

3. DOMINGUEZ, R. Joseph, et Vicki ROBIN. *Votre vie ou votre argent ?*, Paris, Les Éditions Logiques, 1997.

4. DUHAIME, Carole, Michel LAROCHE et Thomas E. MULLER. *Le comportement du consommateur,* 2e édition, Montréal, Gaëtan Morin éditeur, 1996.

5. ZELINSKI, Ernie. *L'art de ne pas travailler,* Montréal, Les Éditions Internationales Stanké, 1998, p. 130.

6. *Ibid.*

7. DOMINGUEZ, R. Joseph, et Vicki ROBIN. *Votre vie ou votre argent ?*, Paris, Les Éditions Logiques, 1997.

8. CATHELAT, Bernard. *Styles de vie : cartes et portraits,* Paris, Les Éditions d'Organisation, 1985.

9. BECKER, Bruce. *Décisions,* Montréal, Presses Sélect, 1978, p. 135.

10. DOMINGUEZ, R. Joseph, et Vicki ROBIN. *Votre vie ou votre argent ?,* Paris, Les Éditions Logiques, 1997.

11. LAPRADE, Yvon. *Journal de Montréal,* lundi 27 août 2001.

12. PARTHENAIS, Robert. *Maîtriser son endettement,* Montréal, Les Éditions Logiques, 2001.

Bibliographie

BECKER, Bruce. *Décisions,* Montréal, Presses Sélect, 1978.

CATHELAT, Bernard. *Styles de vie : cartes et portraits,* Paris, Les Éditions d'Organisation, 1985.

DOMINGUEZ, R. Joseph, et Vicki ROBIN. *Votre vie ou votre argent ?,* Paris, Les Éditions Logiques, 1997.

DUHAIME, Carole, Michel LAROCHE et Thomas E. MULLER. *Le comportement du consommateur,* 2e édition, Montréal, Gaëtan Morin éditeur, 1996.

LAPRADE, Yvon. *Journal de Montréal,* lundi 27 août 2001.

PARTHENAIS, Robert. *Maîtriser son endettement,* Montréal, Les Éditions Logiques, 2001.

PICHER, Claude. *Guide pratique des finances personnelles,* Montréal, Les Éditions La Presse, 1986.

WOLKOMIR, Richard et Joyce. «Six conseils pour prendre la bonne direction», *Sélection du Reader's Digest,* juin 1990.

ZELINSKI, Ernie. *L'art de ne pas travailler,* Montréal, Les Éditions Internationales Stanké, 1998.